高等职业教育"十三五"规划新形态教材

大学生创新创业案例教程

主　编　俞发仁　王秋宏　陈玉池
副主编　陈　军　黄祥庆　王继正　詹巧霞　刘建华
　　　　邓张萍　林艺勇　陈　粹　李　硕

北京理工大学出版社
BEIJING INSTITUTE OF TECHNOLOGY PRESS

版权专有　侵权必究

图书在版编目（CIP）数据

大学生创新创业案例教程 / 俞发仁，王秋宏，陈玉池主编 . —北京：北京理工大学出版社，2018.6
ISBN 978-7-5682-5682-7

Ⅰ. ①大… Ⅱ. ①俞… ②王… ③陈… Ⅲ. ①大学生 - 创业 - 案例 - 高等学校 - 教材 Ⅳ. ①G647.38

中国版本图书馆 CIP 数据核字（2018）第 110074 号

出版发行 / 北京理工大学出版社有限责任公司
社　　址 / 北京市海淀区中关村南大街 5 号
邮　　编 / 100081
电　　话 / （010）68914775（总编室）
　　　　　（010）82562903（教材售后服务热线）
　　　　　（010）68948351（其他图书服务热线）
网　　址 / http：//www.bitpress.com.cn
经　　销 / 全国各地新华书店
印　　刷 / 北京国马印刷厂
开　　本 / 787 毫米 × 1092 毫米　1/16
印　　张 / 6　　　　　　　　　　　　　　　　　责任编辑 / 高　芳
字　　数 / 143 千字　　　　　　　　　　　　　　文案编辑 / 高　芳
版　　次 / 2018 年 6 月第 1 版　2018 年 6 月第 1 次印刷　　责任校对 / 周瑞红
定　　价 / 25.00 元　　　　　　　　　　　　　　责任印制 / 施胜娟

图书出现印装质量问题，请拨打售后服务热线，本社负责调换

前 言
PREFACE

目前，市面上的创业案例的书籍较多，对大学生创业能力的提升起到了很好的促进作用，也构成了本书编写的基础。但是，在教学实践中，创业案例的选择多是选择知名企业和著名企业家的创业经历，对大学生的创业实践活动和创业能力提升借鉴意义不大。我们还是认为有必要再编写一本案例教程，作为同期出版的《大学生创新创业基础》的配套学习材料。

基于以上认识，在同行鼓励、大学生要求、出版社促动下，我们编写了这本《大学生创新创业案例教程》。本书收集了许多当前最新的创新创业案例，包括部分创新创业失败的典型案例，以期广大读者能从中得到启发、吸取教训。本书大致体现了以下特点：一是时代性，案例的选择尽可能以全球视野反映创新创业的国内外最新成果；二是专业性，案例的编排按照创新创业教育的内涵要求，体现创新创业的过程和规律；三是特色性，注重展现院校创新创业教育与实践相结合的成果；四是规范性，按照案例编写的体例和案例教学的要求，提供分析思路、关键要点，体现案例的内在逻辑性。同时本书注重对实践的指导，通过案例分析、行业分析等强化了理念和方法的实践应用，可以直接辅助于创业活动的开展和相应的管理。尤其在主要案例分析上，本书选取的案例都具有"互联网""众筹""共享经济"等时代特征，是我们身边发生的真实创业案例。在介绍案例中，本书着力于创业先进理念的介绍，并将创业与企业管理、市场营销等相结合，实现了把近年来该领域的新理论、新理念引入的目标。

本书是集体智慧的结晶，由俞发仁、王秋宏、陈玉池担任主编，由陈军、黄祥庆、王继正、詹巧霞、刘建华、邓张萍、林艺勇、陈粹、李硕担任副主编。

由于水平所限，缺点和不足在所难免，恳请有识之士和学术同仁批评指正。

编者
2018 年 4 月

目 录
CONTETS

第1章 山东姑娘的贺缘人生——三宇微易购 & 南翼养殖 1
    1.1 前方只有路口没有尽头 1
    1.2 走出山东,走进八桂 2
    1.3 贺州初见 2
    1.4 不寻常的贺院生活,寻找出路 3
    1.5 刚好遇到"你",互联网+ 4
    1.6 留下足迹才美丽,恋橙 6
    1.7 当起"牧羊女" 8
    1.8 风吹花落泪如雨 9
    1.9 创业路上真情无限 10
    1.10 贺缘人生,留下十年期许 11

第2章 ofo小黄车——北大骑行者的创业之路 13
    2.1 ofo小黄车CEO兼创始人 13
    2.2 ofo创业历程 14
        2.2.1 从"趣缘"到"业缘":北大车协走出的创业团队 14
        2.2.2 热爱骑行,创立品牌 16
        2.2.3 创业之初,资金压力 16
        2.2.4 衡量需求,改变方向 17
        2.2.5 "封校"的抉择 18
        2.2.6 "钱"与"人"的双重考验 19
        2.2.7 创业青年的自我修养:"只要思想不滑坡,办法总比困难多" 20
    2.3 来自创始人戴威的创业启示 21
        2.3.1 自行车和我 21

  2.3.2 互联网+出行 ……………………………………………………… 21
  2.3.3 共享经济模式 …………………………………………………… 22
  2.3.4 创业和骑行 ……………………………………………………… 23

第3章 生物化工团队的科技成果转化梦想 …………………………………… 24

 3.1 生物化工团队的介绍 ………………………………………………………… 24
 3.2 生物化工团队的创新创业旅程 ……………………………………………… 24
  3.2.1 入侵植物秸秆也能托起一吨重的产品 ………………………… 24
  3.2.2 烟秆生物质亦能"玩出新花样" ……………………………… 26
  3.2.3 油茶渣里怎能开出鲜花来 ……………………………………… 27
 3.3 生物化工团队的创新创业故事 ……………………………………………… 27
  3.3.1 生物化工团队易林林的创新创业之旅——三年初创，
     不断超越自我 …………………………………………………… 27
  3.3.2 生物化工团队王司齐的创新创业之旅——从零到一，收获成长 … 30
  3.3.3 生物化工团队陈海峰创新创业之旅——在实践中蜕变，
     在坚守中成长 …………………………………………………… 33
  3.3.4 生物化工团队张星创新创业之旅——一分耕耘，一分收获 … 36
 3.4 生物化工团队的创新创业梦想 ……………………………………………… 39

第4章 九尾信息科技有限公司&兼职猫——亿级兼职人力市场的拓荒者 … 40

 4.1 兼职猫创始人，被母亲一个巴掌扇醒的网瘾少年 ………………………… 40
 4.2 创业历程 ……………………………………………………………………… 42
  4.2.1 念头的萌生 ……………………………………………………… 42
  4.2.2 从做兼职到匹配兼职 …………………………………………… 42
  4.2.3 创业的转折 ……………………………………………………… 43
  4.2.4 直接获取兼职岗位信息 ………………………………………… 44
  4.2.5 获投6 300万A+轮 ……………………………………………… 45
 4.3 参加总理座谈会 ……………………………………………………………… 46
  4.3.1 代表"90后"创业者向总理提建议 …………………………… 46
  4.3.2 用行动给"90后"贴上新标签 ………………………………… 47
 4.4 创业感悟 ……………………………………………………………………… 48

第5章 从校园"倒爷"走出的"三人行" ……………………………………… 49

 5.1 三人行公司创始人兼CEO …………………………………………………… 50
  5.1.1 少年雄心 ………………………………………………………… 50
  5.1.2 凑钱入校 ………………………………………………………… 50
 5.2 创业历程 ……………………………………………………………………… 50

  5.2.1 发现机遇 50
  5.2.2 观念提升 51
  5.2.3 初现雏形 51
  5.2.4 装电话机 52
  5.2.5 唐装 52
  5.2.6 成立公司 53
  5.2.7 发展壮大 53
 5.3 创业启示 55
  5.3.1 回顾过去——摘自钱俊冬博客 55

第6章 三国杀——国内桌游的先驱 57

 6.1 引言 57
 6.2 三国杀和北京游卡公司创始人 58
 6.3 创业历程 59
  6.3.1 想法初生(2004年以前) 59
  6.3.2 借鉴传统、突破传统(2004—2006年10月) 60
  6.3.3 三国杀初次经受市场考验,相遇另一个合伙人杜彬
    (2006年10月—2008年1月) 62
  6.3.4 成立新公司面临新挑战(2008年1月—2009年) 64
  6.3.5 遇见伯乐,品尝丰收的喜悦(2008年7月至今) 65
 6.4 创业启示录 66
  6.4.1 启示录:成功就需要打破传统 66
  6.4.2 创业启示录:勇气第一,创业第二 67

第7章 校联购 & 校联帮——坚持者的梦想 69

 7.1 校联购 CEO 兼创始人 69
 7.2 创业历程 70
  7.2.1 接触互联网(2010年9月—2011年12月) 70
  7.2.2 建立校园订餐网(2011年9月—2011年10月) 70
  7.2.3 在团购里的激战(2011年11月—2012年1月) 71
  7.2.4 校联购 VIP 卡时代(2012年4月—2012年10月) 72
  7.2.5 高校生活娱乐资讯平台(2012年10月—2013年7月) 75
  7.2.6 市场进一步开拓(2013年8月—2014年4月) 75
  7.2.7 大学生兼职平台的搭建——校联帮(2014年5月—2014年8月) 76
  7.2.8 我们会继续勇往直前地走下去 78
  7.2.9 梦的终结 78

7.3　创业启示 ··· 79
　　　　7.3.1　爱拼才会赢 ··· 79
　　　　7.3.2　良好的团队建设是成功的基石 ······························ 80
　　　　7.3.3　喜欢,便是事业 ··· 81

第8章　哈尔滨医克拉医疗咨询服务有限公司 ······················ 83
　　8.1　引言 ··· 83
　　8.2　创业经历 ··· 84
　　8.3　创业感悟 ··· 86

第 1 章

山东姑娘的贺缘人生——三宇微易购&南翼养殖

合作社三宇微易购是贺州本土区域电商的代表，服务内容有易购商城、生活服务、农特优品、吃喝玩乐几个版块。其中具有特色的是畜牧咨询，不仅可以观察分析畜牧养殖的整体态势还可以咨询购买种苗，全程提供养殖技术咨询服务并在线上开启新的销售模式。在三宇微易购的成长中，培养出了一批优质的电商服务商，团队的每一个人都在努力坚持着。

木子有才，彦博经纶，荣荣努力。这是她对自己名字的诠释，也是她对自己的要求。她是贺州学院2014年广西区优秀毕业生李彦荣，三宇微易购的核心成员之一，南翼养殖合作社的总负责人。一个山东姑娘恋上一个"橙"，爱上一座城，做起了电商，当起了"牧羊女"。李彦荣扎根贺州，并说服全家人举家南迁，把富川脐橙送出去，把山东的羊引进来。下面让我们一起来看一下这个女汉子的创业故事。

1.1 前方只有路口没有尽头

孔孟之乡，礼仪之邦——山东济宁。李彦荣的出生地决定了她是一个深受儒家文化影响、直爽、勤奋、务实的女孩。比上不足比下有余的家庭环境让李彦荣安稳地度过高二以前的学习生活。生命轨迹似乎已定，考大学、毕业、就业、嫁人……

高二的尾声，一场突如其来的变故让李彦荣改变了自己的人生轨迹，也改变了对人生的看法。父亲的失误，让原本比上不足比下有余的生活忽然变得拮据起来，还欠下25万元债务。高中时代，她每月回家一次，而这一次与以往不同。李彦荣一进家门，看到一片狼藉，电视的遥控器被摔得粉碎丢在门口。母亲忙碌的背影，让李彦荣瞬间意识到母亲老了，背驼了，有了白发。这一刻她才意识到自己有多么的弱小，她好想为父母做点什么，可是她什么也做不了。无法抑制的眼泪夺眶而出，母亲把李彦荣搂在怀里安慰她："没事，没事啦!"李彦荣不愿再做那个言听计从的乖乖女，她想要自己强大，未来有一天也能有坚强的翅膀护佑她的父母。李彦荣的父亲当过兵，是一个很大男子主义的人。父亲想让她安安稳稳地读书，找工作，嫁人。李彦荣的父亲习惯用一句"你是一个女孩子，安安稳稳地读好书就中了"来否定她设想的一切。不服气的李彦荣讨厌这句话，总想跟父亲证明：女孩子也可以。

　　高考结束，悬殊的高考成绩注定了与理想的南开大学无缘，李彦荣虽不甘心但也无奈。父亲硬是让李彦荣报考了北京的国家法官学院，大兴区一个三类的本科，学费高昂。思虑再三，李彦荣第一次决定违背父亲的意愿，背着家人离开学校，去了天津美术学院一个画班画画，并且经常去南开大学蹭课。走在马蹄湖畔，遥望东方艺术系，李彦荣的眼里充满了向往。好景不长，她的行踪还是被父亲发现了。"你赶紧回家来，不回就永远别回来了。"李彦荣在家的日子并不好过，父母都不理睬她，让她自省。这让李彦荣更难过。其实她也理解，父母都没有什么文化，想让她和弟弟能好好读书有出息。直到李彦荣的弟弟准备高考，父亲郑重其事地说："你到底考不考？不考我就让人上门相亲。你嫁人吧，别在家烦我。"虽然是父亲的激将法，但是李彦荣明白父亲还在生气，她知道这是父亲恨铁不成钢。回头望望走过的一年多，不管是北京还是天津都不是李彦荣想要的城。她不要被安排，她要自己择一城，树一梦，寻一人。

1.2　走出山东，走进八桂

　　贺州，是一个李彦荣未曾听说过的名字，对于广西李彦荣只知道桂林，甚至连"南宁"这一字眼都是那么陌生。第一次听到贺州是李彦荣从她赞助的大学生口中，他就读于贺州学院。冥冥之中自有天意，在画班李彦荣结识一个贫困生报考贺州学院，由于经济原因想放弃就读。李彦荣得知后拿自己退的学费赞助了这名学生。后来，她又了解到自己一位美术老师任教于贺州学院，加上贺州是距山水甲天下的桂林最近的城市，于是李彦荣高考志愿填报了贺州学院。志愿填写完，李彦荣就怀揣梦想只身前往这个陌生的地方，想先睹为快。武昌，远方的转折点，梦想的转折点。武昌转车，李彦荣左顾右盼再三确认登上了一辆绿皮火车。如电影一般，火车上只有几个小风扇在不停地旋转，所有的车窗都是敞开的，不一会儿眼镜上一层灰尘。火车上很拥挤，旁边是一个妈妈带几个小孩，怀里一个，背上绑着一个，后面还有一个大点的领着一个小一些的。他们说着李彦荣听不懂的话语。李彦荣不知道自己将会去到哪里，心底不时涌起一丝丝的恐惧。凌晨时分到了贺州，漆黑的火车站看不到什么光影，还好有赞助的那个同学和几个老乡接她。不知走了多久到了一家宾馆，老乡、师兄告诉李彦荣这是学校附近的，很安全。老乡走后，李彦荣兴奋地睡不着，等待天亮去看期待已久的校园。

1.3　贺州初见

　　清晨，李彦荣早早地起床收拾妥当出门，走出宾馆却傻眼了。周边只有零落的几座房子，马路尽头是一大片烂尾楼，旁边就是贺州学院的大门了，学院对面是一个长满荒草的院子。走进学院只看到零星的几栋楼，宿舍楼是很老旧的那种，放眼望去全是破破的房子，前门到后门也就十几分钟的路程，到处是大片的空地。这哪里是大学？都不及自己就读的高中。李彦荣难以接受，眼泪夺眶而出，刹那间从天堂掉进了地狱。脑海里还是南开、天大的影子，虽不能及它们也不能这般不堪吧！她哭着回到宾馆给父亲打了一个电话："爸，这学校太破了，不能待。我不读了，我要回家。"电话那边却传来一阵呵斥："李彦荣我告诉你，不用找借口，再敢退学你就不用回来了，回来我也会马上把你嫁出去。无论如何你得把书给我读完，看我跟你妈没文化……"李彦荣知道父亲是个言出必行的人。她在宾馆大哭一场，醒来静静地看着窗外。许久，李彦荣想通了。如果不能在贺州学院做到最好，如愿留在南开又能怎样？李彦荣跑去报刊亭买了一张贺州地图，又去买了一辆单车，把贺州市区的大街小巷走了一遍，认识了这个叫八步的小城。那时，距离开学的日子还有一个多月，李彦荣选择了去八步区政府做志愿者。做志愿者的日子里李彦荣了解到八步很多的风土人情。渐渐地，李彦荣发现贺州并不是自己想象的那样不堪，而是一个包容热情的小城。虽然落后了些，但还是有很多的机会可以去尝试。既来之则安之，她安慰自己。

1.4 不寻常的贺院生活，寻找出路

入学后的李彦荣积极加入迎新队伍，争取进入学生组织。军训中的她努力竞选了班长还获得了军训先进标兵。节假日、周末李彦荣会努力争取各类兼职走出校门，走向社会进行实践。兼职中李彦荣认识了许多师姐，学着师姐们的样子，努力规范自己的外在形象。学习中的李彦荣力求最好，她总是积极选在离讲台最近的位置，室友不解："荣姐，你干吗总坐在那里，不能看手机，不能打瞌睡……"李彦荣笑笑："方便我问问题啊，我要让我的作业达到老师满意。再说，我每次坐在固定的位置也可以约束自己别想翘课，会被发现的哦。"实践证明这个方法是奏效的，大一结束李彦荣获得了"国家励志奖学金"，还被评为"三好学生""优秀学生干部"，等等。

一年后的李彦荣开始学习一些艺术设计相关专业的软件。社会上的各类实践也让她发现了一些商机。渐渐地李彦荣开始主动起来，报名学习了校外的软件辅导班。然而兼职的范围也越来越广，由发传单、做礼仪、辅导小学生作业变为设计制作组织发放传单、承接礼仪演绎活动、对接辅导中心，等等。在校园里李彦荣成立了兼职帮，拉那些家境不是很好或愿意实践的同学一起。李彦荣的队伍越来越大，直至后来一些去下面乡镇的电器推广宣传、医院宣传册发放都找她来做。她的视野不再仅仅是城区，经常带队去县区乡镇的她有两大发现：富川脐橙和贺州的丰富资源。

学生的本职是学习，李彦荣在努力实践的同时也没有放松学习。她依然是"国家励志奖学金""三好学生""优秀学生干部"的获得者。在学生组织里李彦荣被聘为校学生会秘书长一职。这一年她作为交换生去泰国交流学习。第一次走出国门看世界，这让李彦荣的视野更大了。交流学习中的李彦荣第一次接触到"网络代购"这一名词，

对于线上营销有了初步的认识。这一年李彦荣学到了很多，成长了许多。

　　大三的生活节奏紧凑，李彦荣更加侧重学习和学生工作，因为那是学生的本职和学生干部的职责。带领的兼职团队可以独立运行这让李彦荣很欣慰。她意识到能留在学校的日子不多了，还有很多书没看，还有很事没做。她要抓紧时间做点事。李彦荣带头与师弟师妹发起成立了贺州学院设计协会，为的是让相关专业的学生有个实践交流的平台。她担任会长，组织承办活动，参加各类比赛。校学生会换届，李彦荣顺利进入主席团成为一名学生会的副主席，作为贺州学院代表参加学代会、青马班等活动。这让李彦荣开始为自己是贺州学院的一员而自豪。曾几何时？她不愿跟别人提及自己是贺州学院的，没有这样的荣誉感和自豪感。贺州学院的代表这个身份让她结识了广西区各个高校的优秀学生代表，这让李彦荣重新认识了自己，也为毕业后选择留下奠定了基础。自己的努力得到了老师和同学的认可，这也让她更加勤奋。这一年她获得了国家奖学金、自治区优秀学生干部、三好学生，等等。似乎幸运之神围绕在她身边，李彦荣也再次作为交换生去了韩国，这次走出国门让李彦荣更加向往世界。眼界宽了，心也宽了。

　　大学时光转眼即逝。答辩完以后的日子，大家开始着手实习，找工作，而李彦荣却不慌不忙地整理自己的思路。李彦荣的家人开始催促她回去准备找工作，她却迟迟不归。她认定了贺州这个小城，想留下。

兼职中的李彦荣（右一）

1.5　刚好遇到"你"，互联网+

　　"张总，您好！又见面了。"张总回头看了看："咦！怎么是你啊？我打的是你的电话啊！来来，坐下喝茶。"李彦荣笑了笑坐下。其实，很久之前他们就认识了。学生时代的李彦荣承接过三宇通信的促销活动兼职和商业展演活动。那时张总是公司最高领导，偶尔会遇到。后来三宇通信要做一期活动，分店的部门经理把李彦荣推荐给了总经理张小碧。张总曾找她洽谈"三宇好声音"的策划和经费预算，由于对贺州学院学生实力的质疑又没有其他合适的团队承接就搁置了，然而此次相遇源于青马班同学的介绍。三宇通信在梧州团队的各项促销活动和商业展演大都由梧州学院的学生团队承接，效果很好。当三宇公司经理邀请其团队来贺州时，团队负责人说："你们可以找贺州学院的学生会主席李彦荣啊，我们这边组织的这部分还是她建议成立的，原来我们只做中小学辅导的。"梧州的人也推荐李彦荣，这才引起了总经理张小碧的关注。张总手上有几十家电子通信销售店，经常需要请一些贺州学院的学生做兼职，而让他满意的只有寥寥几个，所以对李彦荣并没有太在意。

　　这次见面一聊就是一下午，电商未来的发展前景和规划、区域电商平台的搭建推广、平台运营管理，这些是李彦荣一直在寻觅的东西。李彦荣意识到眼前的张总就是她要找的搭档，志同道合的两个人很快就组建了团队，着手搭建区域平台。平台的开发逐步露出雏形，但人手却明显不足。原有的团队，对于企业的转型并不看好，甚至不理解，大都陆续离开。人手成为团队发展很大的阻力。人好招，合适的人却没那么容易找。团队缺少有电商意识，懂线上管理运营的人。李彦荣想到了"肖佬"和"给力"。"肖佬"原名肖春晖，"给力"原名庞韬，原来是另一个电商团队的成员，由于个人原因两人选择自己单干。"肖佬"擅长线上管理，产品详情设计制作。"给力"擅长产品营销方案设计制作，经常有一些新颖独特的创意。物流管理和平台运营也差一人，谁合适呢？此时，李彦荣的弟弟无意间提到他的高中同学，弟弟的同学黄贵祥在中国海运工作，负责物流管理，人品不错，踏实肯干。想来自己也是从零开始，不懂可以学嘛，李彦荣开始尝试从山东挖人过来。在李彦荣的努力下，黄贵祥来到贺州加入团队，成为团队的主要成员。人员齐了，李彦荣带领大家努力着为平台筹谋推广。

　　正值山东樱桃成熟季，李彦荣的团队选择用樱桃做第一期的推广。利用樱桃种植园获取产品信息详情和货源，"肖佬"负责设计制作产品详情，"给力"负责营销推广方案，贵祥负责线上管理物流。这一期活动下来，李彦荣团队的平台客浏览量达每天8 000～10 000人次。这样的推广是有效果的，李彦荣的团队更有动力去开发乡镇的服务站点了。负责人张总和他们一起开始去乡镇激活已开设建立的三宇微易购服务站点，每逢圩日他们就会下到乡镇搞活动，旨在告诉居民服务站能为大家提供什么样的服务和帮助。通过下乡宣传电商意识，进行电商服务，平台越来越好，李彦荣开始跟组织汇报平台的进展情况，团委也积极给予他们团队帮助。团委一有电商方面的培训或者讲座都会通知李彦荣的团队，李彦荣总是积极参加，做好笔记认真学习，她感恩团委给的每一次学习机会。渐渐地他们尝试把富川脐橙等特色农产品和养殖搬到了线上。在线上李彦荣的团队做了富川脐橙和当地土特产的展示。在平台上开设成立了畜牧版块。

讲解中的李彦荣

1.6 留下足迹才美丽，恋橙

富川脐橙，品质极佳，以其色泽鲜艳，肉质脆嫩、风味浓郁、无核、化渣而著名。曾在2001年泰国国际农牧业科技成果暨产品推广博览会上获优秀产品金奖，同年中国绿色食品中心批准使用绿色食品标志；2004年创建全国无公害水果生产示范基地县，并通过了无公害产地认定；2005年在自治区农业厅组织的广西22种时令水果品质评价中，富川脐橙名列榜首；2006年"富江"牌脐橙荣获中国名牌农产品称号；2008年列为自治区大庆指定用果；2009年通过国家工商总局、商标局评选，获得富川脐橙地理标志证明商标。富川脐橙产自广西富川县，曾获得过"第一好吃脐橙"称号。2006年，富川脐橙在全国96个知名脐橙PK赛中，荣获第一，成为中国第一好吃的脐橙。这就是李彦荣同学恋上的那个"橙"。

大学时代的李彦荣在一次带队去富川组织做宣传推广活动时，正赶上村里的一个节日叫"惯节"，负责开车的师傅是富川人。师父热情地邀请李彦荣的团队去村里过节。李彦荣第一次参加这样的节日，走进村里，无论认识的不认识的，主家都会很热情地招待，喝酒啊，唱歌啊，打油茶啊，对于北方的李彦荣来说这种感觉很实在。主家拿出自家种植的富川脐橙招待她们，李彦荣起先想推辞，看到主家那么热情就选了最小的一块试了一口，这一口改变了李彦荣对橙子的看法，她对富川脐橙赞不绝口。以往吃到的普通橙子大都没有那么脆口，而且略带酸味。对李彦荣而言富川脐橙是她吃过的最好吃的橙子。活动后李彦荣去市场购买了富川脐橙，快递给山东老家的亲人。北方的亲人对富川脐橙的反馈都非常的好。"好山好水出好果，可惜这果子走得不远！"李彦荣叹惜着。这果子还未到远方，我能做点什么？她开始琢磨怎样把这佳果分享给更多的人。后来节假日、周末没事的李彦荣会约三五好友去富川。在富川，李彦荣跟她的小伙伴拍摄了《油菜花》《摘脐橙》《在一起》系列照片。因此,与富川与富川脐橙结下不解之缘。在之后的日子她尝试在线上做一些富川脐橙的宣传推广及销售,想把甜到心里的橙子分享给更多的人。那时的李彦荣还未想到日后会和富川有那么多故事。

  2015年年末,李彦荣偶然间结识一位在做富川脐橙线上销售的朋友。谈及运营团队时,李彦荣忽然发现对方是自己同届的同学。之后李彦荣渐渐地跟这个团队接触得多了起来。随着"你负责思念,我负责包邮"主题的脐橙销售推广,该团队人手开始不足。李彦荣被邀去做临时协助。在那段时间里,李彦荣开始学习线上推广销售,客服服务以及软件应用,学会了辨别脐橙的好坏、等级分类、物流快件管理等。另外,李彦荣还晓得了一件很有意思的事,脐橙是分公母的,有肚脐的是母的,没有肚脐的是公的。虽然没有科学依据但是她觉得很有意思。那时,李彦荣才知道一个橙子有那么多的学问。这段时间里李彦荣不仅真正认识了富川脐橙,还为日后的团队寻得两员大将"肖佬"和"给力"。很快假期过了,李彦荣回归了正常的工作。电商这一行却深深地吸引了她,李彦荣很喜欢线上营销这种方式,她认定这是一条可以让富川脐橙走出去的路。

  2016年李彦荣遇到了三宇商贸的张小碧有了自己的电商团队。随着区域电商搭建和不断调整,他们在平台上开设"贺农网"版块,八步区、平桂区、昭平县、富川县、钟山县每个县区各设一个专栏,用于对各个区域农产品进行展示推广销售。谈及富川想到富川脐橙,李彦荣和搭档们的思路不谋而合,拿富川脐橙做推广销售,完成区域平台引流。富川脐橙标准化生产保证质量,20多万亩的种植保证货源。说干就干,在富川寻找合作伙伴,申请注册分公司。这个时候的李彦荣天天往富川跑,时常和搭档早上6点钟出发晚上12点回。母亲对李彦荣的工作方式充满了怨言,不管怎样李彦荣都在坚持着,因为她坚信自己的选择。渐渐地李彦荣的团队开始在富川崭露头角。就在此时,富川县开始筹备电商服务中心、特色馆。每每谈到这里,李彦荣都满怀感激。县团委经常到李彦荣的工作点了解情况,给予帮助,这让李彦荣倍感温暖。因为县里的支持,李彦荣的团队不用再挤在狭小的出租屋里。电商服务中心完工后,李彦荣的团队也被邀请进驻这里,宽敞明亮的办公环境,崭新的办公设备,最人性化的是每个办公室还装有空调,这些都是政府免费提供的。品质极佳的橙子,热情好客的伙伴,电商发展的沃土,政府的关怀,李彦荣开始爱上这个美丽的瑶都小城。

  广西区10个电商示范县开始"我为家乡代言"代言人筛选活动。李彦荣当选为富川脐橙代言人。她是真的喜爱这橙子,所以她执着努力地把富川脐橙送到更远的地方,把这独一无二的美味分享给更多的人。

  富川电商大集在民族广场举行,现场直播可以让更多的人知道这里有最好吃的橙子。但事情并没有李彦荣想象的那么简单,她没有自己的果场,没有足够的量怎么保证品控?又一个难题摆在李彦荣的面前。她想到了组织,跟组织沟通后,问题得到了解决。团委出面跟农户协调,很快李彦荣有了很多的合作伙伴。当她在台上宣读承诺书时,心里充满了自信,因为品质极佳的果子只要做好品控就不怕没有回头客。李彦荣的真情告白更是赢得台下一阵阵掌声。这场活动李彦荣收获了意想不到的效果。电商大集进行一个半月后,平台销量达8 000单。上一年全年销量才5 000单,这是李彦荣没有想到的。活动结束，李彦荣应邀前往广西电视台参加颁奖晚会。当李彦荣站在广西电视台演播大厅，接受十佳代言人奖杯时，她觉得所有的努力都是值得的。富川脐橙被更多的人认可，李彦荣也被大家认可。

《瑶城乐•咏橙》

瑶城好景君若知，应是橙黄桔红时。

借得金秋三分意，丰年载物赋新诗。

李彦荣为封面的首页图

1.7 当起"牧羊女"

　　李彦荣的老家是中国畜牧业基地之一，畜牧品种丰富，养殖技术先进。李彦荣说，来贺州之前她所有的开支都是从羊身上得来的。李彦荣讲到现在北方平原地区人口众多，人均耕地少，各类秸秆饲料资源有限，部分制约了北方养殖业的发展。放眼远处的人工林，茂密的植被让她想到羊在这里生活，定是生活在天堂里。大学时代在乡镇兼职，她着重观察羊的养殖情况。她发现，贺州羊的价格偏高，品种单一，养殖技术落后，未能规模化养殖。读书时，每逢假期李彦荣都会带一身换洗衣服，背一包家里的羊销售的传单发放。一来帮帮家里羊的销售，二来做下调查。也正是这样，李彦荣在火车上偶遇了后来的合作伙伴林志和。林志和是贺州莲塘人，一个有养羊想法的木材老板。李彦荣在一年多时间里促成了3单生意，她开始跟父母反馈这个情况，换来的却是父亲的责备："你一女孩子家家的，好好读书，别整这些，耽误学习。赶紧读完回来，不要你赚钱。"父母并未理睬李彦荣的想法。

贺州市林区面积61.38万公顷，森林覆盖率达66%。这对李彦荣来说是很好的放养资源，林下养殖可以充分发挥资源优势，创造财富。贺州位于广西东部，是"三省通衢"，是大西南连接粤港澳的重要通道，是广西面向粤港澳开放的前沿和窗口，是港澳台的"后花园""菜篮子"。高铁开通后，贺州到桂林1小时，贺州到广州100分钟。在李彦荣看来这1小时经济圈大有作为。加上贺州是全国唯一的"中国长寿之乡"县域全覆盖城市，同时也是世界长寿市。如果能打造出一个品牌，借助区域优势，日后也可以在线上做寄养、代养等新模式的销售。

2015年，李彦荣在莲塘镇的新燕村带头成立了南翼养殖合作社。合作社的法人正是当年火车上偶遇的木材老板林志和。李彦荣的户口不在贺州，成立这个合作社也是费了一番周折。李彦荣说，合作社之所以叫南翼，是希望在南方寻找到腾飞的翅膀，助其飞翔。合作社成立之后，李彦荣就从北方开始引进不同品种的羊，她把前期定义为养殖实验，将从北方引进的8个品种进行试验养殖，筛选出适合贺州环境、生长速度快、肉质口感好的品种，再进行推广养殖。与此同时，李彦荣开始在线上开设畜牧版块，包括畜牧咨询、饲料针剂、兽医指导等，开始为推广养殖、线上管理打基础。

实验中的羊群

1.8　风吹花落泪如雨

世事无常，李彦荣连续遭到了一系列的挫折。先是决策失误，开设线下体验店，以快消品为主，因为没有一手货源，李彦荣的团队未获得什么利益。三宇商贸之前的债务亏空问题逐渐显露出来，直接影响到三宇电商的运营。三宇商贸的企业转型还没有完成，就出现了很多的问题。人员开始流失，不断地有人走，有人来。李彦荣原有的团队被打乱，还好核心的几个人还在坚持。他们在不断地调整自己，寻找出路。后来李彦荣参加了国际电商节，会上各类电商大咖的讲话，开拓了她思路。回到贺州，她和团队积极对接大的电商平台，平台逐渐调整为电商服务商。在这段时间里，李彦荣去了广州京东的总部，申请开设了京东贺州特色馆。后来，李彦荣的团队还在苏宁上申请开设了贺州特产馆。店是开了，运营也需要费用，李彦荣依然在坚持着，她坚信前方有曙光。李彦荣相信，前方只有路口没有尽头。此后，她开始把战场转向母校贺州学院。

屋漏偏逢连夜雨。养殖场前期是试验阶段，合作社成员积极要养。李彦荣本着负责的态度，没有答应成员随意拉自己喜欢的品种去养。一年后，合作社成员见还没有什么效益就有人要退出。最让李彦荣心凉的是她的林哥要退出，李彦荣不想让合作社就此终结。她的宏大规划才刚刚开始，线上的版块才刚刚开设，还没来得及实践。李彦荣最后决定全盘接收，包括留给她的一万元债务。林哥在的时候，她负责收集分析数据，协助做养殖管理工作。继续坚持让李彦荣力不从心，吃尽了苦头。用李彦荣的话来说，她长这么大也没有创业的这3年吃的苦多。确实，她手上、腿上有着大大小小多处伤疤，这些都记录了她的创业故事。

三宇微易购平台进入瓶颈期，养殖合作社实验准备出结果。李彦荣相信自己的选择，相信前方有曙光在等她。

李彦荣的羊和村里的小朋友

1.9 创业路上真情无限

起初，李彦荣的父母希望她读完书回到山东老家工作。那时她的父母备好了买房的首付款，想让她和弟弟楼上楼下挨着，围绕在父母身边。倔强的李彦荣，毕业后还是迟迟不归。母亲就派还在实习的弟弟前往广西贺州做说客，劝说姐姐早点回家工作。弟弟到了以后，李彦荣就带他领略贺州的美，但在弟弟的眼里，贺州就是一个连老家县城都不如的穷地方。那时市消防支队想在贺州学院招助理，恰好向学生会副主席的李彦荣咨询有没有好的人选推荐，也许是天意，弟弟很感兴趣。弟弟最后决定把没有完成的实习在消防支队完成。在实习的时间里，弟弟发现了贺州的另一个商机——贺州的跆拳道市场几乎还是空白，弟弟是跆拳道爱好者，考取了三段的等级段位，一直梦想开设一家属于自己的跆拳道馆。有这样的市场，弟弟又有想尝试的想法，李彦荣大力支持。

说客迟迟不归，李彦荣的母亲坐不住了。母亲担心姐弟俩被拐入传销，决定去这个神秘的贺州一看究竟，带回自己的一双儿女。母亲来了，姐弟俩又开心又担忧。那时的弟弟在一家道馆当主教，考察市场学习经验。而李彦荣刚刚跟搭档张总规划好未来。母亲是晚上到的，见面第一句："咋都那么不听话，不回去呢？"回到出租屋，弟弟叫了快餐，母亲却想给孩子煮点吃的，翻箱倒柜只找到半包发了霉的面条。看着半包发霉的面条母亲愣了许久，眼睛都湿润了。第二天，李彦荣就应母亲的要求带她去菜市场。母亲蒸了馒头，炒了可口的菜，姐弟俩吃了个干干净净。姐弟俩跟母亲说了俩人想创业的想法，表了决心。母亲见姐弟俩定了主意，也就没再过分强求。李彦荣说也许是那半包发霉的面吧，让母亲心软了，决定留下照顾姐弟俩的生活。

李彦荣的父亲是个典型的大男子主义者。姐弟俩违背了父亲的意愿没有回北方老家工作生活，不管李彦荣和弟弟怎么劝说，父亲都不肯来贺州，只是借着参加战友聚会来看过他们一次。其实李彦荣明白，父亲去和战友聚会是借口，想来看看她和弟弟是真。父亲还是没有留下，这让李彦荣十分过意不去，父亲不会洗衣煮饭，却留他一个人守着偌大的房子。姐弟俩一直努力说服着，希望有一天一家人可以在贺州团聚。在李彦荣的印象里父亲极少有的一次妥协就是答应弟弟结婚后他就来贺州。

2016年10月1号李彦荣的弟弟举行了婚礼，父亲真的来到了贺州。至此李彦荣一家在贺州团聚，父母也加入了南翼养殖合作社的实验。有了两位资深人士的加入，李彦荣更有信心了。

1.10 贺缘人生，留下十年期许

预先取之，必先予之。李彦荣用实际行动努力着，她相信自己的选择，定能取之。电商发展之路，曲折艰辛，这是一条需要不断调整之路，对于李彦荣来说电商服务商转向学校也许是对的。因为，在学校这个环境里有思想意识超前的团队成员，有对应技术需求的团队成员。李彦荣把电商服务商分为两个团队，一个是商业摄影团队，主要负责商品设计拍摄、产品详情页制作、视频设计制作，让客户直观地看到商品；二是运营服务团队，主要是培训微店、网店，运营管理。商业摄影已趋于成熟，对于李彦荣来说最期待的是团队的成长。李彦荣相信这个团队未来定能为贺州电商的发展做出贡献。

电商服务商的成熟可以更好地为富川脐橙服务。更多的人服务富川脐橙，就会有更多的人知道富川脐橙。李彦荣相信未来瑶都小城会名满天下，富川脐橙会香飘九州。

李彦荣的南翼养殖合作社在父母的帮助下，逐步走出困境。目前，在大桂西湖农庄开设了体验点，从区域做起，从溯源管理建设入手，打造品牌。合作社学习借鉴养殖模式，推广养殖，力争达到有质有量，让贺州这个"菜篮子"有南翼养殖合作社的一块肉，并充分利用100分钟经济圈，发挥长寿市优势，推动贺州畜牧业的发展。李彦荣将坚持走畜牧产品品牌化的发展方向，积极加入贺州市的"正丰农业"，为达到供港标准而不断努力。

第2章

ofo小黄车——北大骑行者的创业之路

ofo小黄车是一个无桩共享单车出行平台,缔造了"无桩单车共享"模式,致力于解决城市出行问题。用户只需在微信公众号或用App扫一扫车上的二维码或直接输入对应车牌号,即可获得解锁密码,解锁骑行,随取随用,随时随地,也可以共享自己的单车到ofo共享平台,获得所有ofo小黄车的终身免费使用权,以1换N。

2015年6月启动以来,ofo已经连接超过600万辆共享单车,提供10亿次共享单车出行服务,为全球4个国家100座城市上亿用户提供便捷的出行服务。

ofo的理念是,"骑时可以更轻松"。在未来,ofo希望不生产自行车,只连接自行车,让人们在全世界的每一个角落都可以通过ofo解锁自行车,满足短途代步的需求。

ofo同样以开放平台和共享精神,欢迎用户共享自己的单车加入ofo,以共享经济的互联网创新模式调动城市单车存量市场,提高自行车使用效率,为城市节约更多空间。ofo倡导文明用车,通过技术手段引导用户规范使用ofo共享单车,与市民和政府协同优化共享单车出行解决方案,让城市更美好。

2.1 ofo小黄车CEO兼创始人

戴威,ofo小黄车创始人兼CEO,青年创业者,毕业于北京大学光华管理学院。2014年与4名合伙人创立ofo,提出了"以共享经济+智能硬件,解决最后一公里出行问题"的理念,创立了国内首家以平台共享方式运营校园自行车业务的新型互联网科技公司。

戴威热衷公益,研究生时曾于青海支教一年,并发起西部愿望教育促进会,以推动中国西部贫困地区教育发展,先后启动了"西部愿望足球计划""希望中国引擎计划",开启了人才教育扶贫新模式。戴威曾荣获《财富》中文版"中国40位40岁以下的商业精英"。

ofo 创始人兼 CEO 戴威

2.2 ofo 创业历程

2.2.1 从"趣缘"到"业缘":北大车协走出的创业团队

"ofo 共享单车"是由 4 名北大学生发起的创业项目,通过"共享单车"(ofobicycle)平台,实现师生随时随地有车骑的目标,在有效解决校内出行问题的同时,减少校内单车总量。自 2015 年 9 月上线至今,共享单车已达 5 000 余辆。ofo 也走出北大,在其他 7 所首都高校成功推广,累计服务在校师生近 90 万次。4 位创始人分别为光华管理学院 2014 级硕士研究生戴威、马克思主义学院 2015 级硕士研究生薛鼎,以及毕业还不满一年的考古文博学院 2015 届硕士张巳丁、教育学院 2015 届硕士于信。创始团队荣获"北京大学 2015 网络新青年"称号。

这 4 位学生创客的经历各具特色,简历上却可以找到同一句描述——"2009 年加入北大车协"。"北大车协"是"北京大学自行车协会"的简称,成立于 1995 年,是以自行车运动和社会实践为活动内容,综合体育运动和学术实践的学生社团,也是国内起步最早、影响力最大的大学生自行车运动的民间群众组织之一。

共同的骑行爱好让戴威、薛鼎、张巳丁和于信走到了一起,在"大众创业、万众创新"的时代,他们也跃跃欲试,希望能实现从"趣缘"到"业缘"的转变,完成多数人梦寐以求的生涯追求——以爱好为事业。

尽管专注于自行车行业创业的决心从未产生动摇,但在具体怎么做的问题上,他们有过不少分歧,也尝试过很多方向,比如,骑行旅游、二手自行车交易,甚至包括拓展至信息、健康等领域。

渐渐地,他们发现对大学生创业有些准备不足,"市场受众小、安全风险大的问题难以解决,才开始调整转型"。另一方面,他们也开始分析自己的优势所在。除了共同的社团活动经历之外,戴威、张巳丁、于信都曾在学生会长期任职。"这些经历给予了我们组织管理层面的锻炼,也使得我们比其他学生更加了解和关注校园内部的日常运转和师生的生活现状。"

ofo 骑行团队

"从最熟悉的大学生校园生活入手,发掘学生需求、有针对性地解决困扰学校多年的管理难题,ofo 共享单车横空出世。"这个想法出现之后,4 位创始人一拍即合,两天内从全国各地回到北京,不断尝试的决心和强大的执行力使团队方向迅速由骑行旅游产品转向单车共享项目。

从车牌号码的设置细节到开锁用车的具体方式,从投放数量的估计到共享车辆的管理,整个计划在短时间内就已初具雏形,不到一个月的时间,便有了那篇红遍微信朋友圈的宣传文案。

虽然从北大起步,ofo 团队的梦想却不止于北大、不止于校园。"校内出行问题实际上是城市整体交通问题的一个缩影,特别是城市交通最后一公里、最后 500 米问题的突出表现。无论从环境保护、低碳出行的角度,还是从便利民众、解决短途交通问题的角度来看,共享自行车都很可能是最优解决方案。"

ofo 创业团队

2.2.2 热爱骑行，创立品牌

2014年2月15日，青海省大通县东峡镇。还是北大学生的戴威在这里支教当数学老师。刚过完春节，薛鼎从家里跑来看他。在戴威狭小的宿舍里，两个大学同学凑在一起写写画画。"那时候我们已经讨论了半年，想做一些和骑行有关的事，但名字一直定不下来。"戴威回忆说，"OTTO、随行……一个个名字被提出又被否定。后来想，还是从象形的角度来设计，ofo就是一个骑着自行车的人。这样全世界一看，就知道我们在做一件什么样的事情，那天我们就把ofo这个名字注册了。"

有了名字，这是ofo小黄车成长中第一个重要的时间节点，但故事并不会从此一帆风顺。

整整一年零七个月，戴威和他的同伴们"非常迷茫"，他们做过山地车网络出租，两个月只有一笔订单；做过高端自行车的金融分期，一共卖出5辆车；做过二手自行车交易平台；与骑行相关的智能可穿戴设备……"每一个方向都是信心满满地推出来，但没什么响应。"

8月，戴威与其团队正式掀开人生中创业的篇章。彼时的他们，并不知道两年后的ofo会成为行业里的领军者，并吸引众多资本竞相追逐。创业的初衷很简单，用戴威自己的话来说："我们做的是骑行旅游，因为我们自己特别爱骑车，骑了很多长途线路，希望能够让更多的朋友感受到骑行的乐趣。"这个骑行爱好者进一步补充道："或许你觉得每天骑100公里是一个不可能完成的任务，但只要你不断坚持，有节奏地去做，是可以实现的。"

2.2.3 创业之初，资金压力

当戴威带着满腔热血冲进创业的大潮中时，他发现创业远没有那么简单。"我们用了8个月的时间，一直在努力摸索，但其实发展得非常困难。"2015年春天，资本市场仍一片红火，ofo共融到了一千万元，这对于一个初创团队来说，已经不是一笔小数目，然而，他们低估了市场对于资金的吞噬速度。

当手里还只有一百万元时，他们就火速投入了烧钱的状态——虽然仅仅只是给每个用户送一瓶脉动，但资金压力已然不小。好在，资金上的投入换回了用户量的增长，"三四月份时，我们每天都有几千个用户的增长，但是资金的消耗也非常快。"

一边烧钱，戴威团队一边马不停蹄地寻求下一轮融资。然而，在跑了将近40个投资机构后，没有一家机构愿意投资给他们。"到4月底的时候，账上几乎没钱了，大概还剩400块吧，确实是发展不下去了。"资金压力导致业务难以为继的情况下，ofo的初创团队也从最初的狂热变得冷静下来。不是没有动摇过，还在读研究生的戴威团队想到了放弃，打算毕业后规规矩矩地找一份工作，或者换一个创业方向试试，"但我们觉得，还是要坚持自己热爱的东西。"

2.2.4 衡量需求，改变方向

虽然是一句简单的话，但却是这个初创团队坚持下去的最大动力所在。当时，戴威一边反思，一边补习创业知识，其中《创业36条军规》中的一句话触动了他——要挖掘到真正的需求。

戴威开始质疑骑行旅游是否是一个伪需求，或者是这个需求还没到爆发的时候。"人们对于自行车的需求是代步出行，而出行显然是刚需，所以我们当时想，能否在一个更加刚需的方向上做一些尝试和探索。"

2014年年底，ofo将方向转向骑行旅游，将自行车租给游客，带着他们到处骑行，在这个项目上，ofo拿到了100万元天使投资，之后赶上了2015年上半年资本市场的疯狂。

被疯狂的资本市场驱使，ofo决定：烧钱！给每一个注册ofo骑游应用的用户送一瓶脉动饮料。"烧了1个月就没钱了。现在想想，100万元人民币'烧钱'那不是开玩笑吗？"但团队当时颇为自得，"当时想，照这个烧钱速度，再给我们500万元，就能做出100万用户来，那就是挺厉害的公司啦。"

但资本给年轻人上了严厉的一课。"我每天见好几个投资人，居然连一个感兴趣的反馈都没有，非常打击人。我们一开始想，A轮融2 000万元，两周之后觉得不行，就说融1 500万元，然后再降到800万元、400万元，还是不行。你拿脉动换了几千个注册用户，资本一眼就看明白了，现实把这些不切实际的想法给浇灭了。"

2015年4月底，ofo账面上只剩400元钱，但2个程序员、5个运营还等着发工资。马上就要从北大考古专业毕业的张巳丁颇为忧伤："觉得这个公司要死了，自己毕业后还是要去修文物了。"

那个"五一"假期，戴威在夜里无法入睡，就骑着自行车在大街小巷闲逛。"那是一个比较深刻的反思。很多年轻的创业者跟我那时候心态差不多，为了什么创业呢？就是为了面子创业，周围的创业者都能融到钱，为什么就我们不行？心态非常浮躁。"在那些深夜里，戴威想明白了一件事："为什么走不下去？最重要的原因是这些方向都不是刚需，有固然好，没有也无所谓。当时我们选择的产品太弱了，只是一个want（想要），而不是一个need（需要）。"

他开始认真考虑大学生们的"痛点"，大学4年，戴威自己在学校里丢了5辆自行车。"我们的设想是，自己采购一些车，也让同学们把自行车交给我们，以'所有权换使用权'，可以随时随地使用ofo平台上的任何一辆车。没有贡献车的同学则要交纳很少的租车费。"张巳丁说。

ofo无桩共享单车的模式慢慢成型：自行车被装上了密码锁，手机扫码后获得开锁密码，按骑行时间或里程计费。

戴威、薛鼎和张巳丁这些ofo的元老们开始在校园里游说同学，给他们讲解自己的

"共享单车计划"。2015年6月6日,终于有人找来,愿意共享自己的自行车。那是一辆破旧的蓝色山地车,ofo以最快的速度给这辆车上了车牌,编号8808。

ofo一直在找一条很长的赛道,起点终于出现了。

2.2.5 "封校"的抉择

"投放车辆+订单快速增长",这个看起来顺风顺水的模式被不停复制,但ofo又迎来创业路上一场艰难的考验。激烈的争执之后,学生创业想当然的"用户至上"开始让位于能力核算后的妥协。

2015年9月7日早上8点,ofo仅有的6个成员扎堆儿站在北大校园。他们面前,是一整排黄色的自行车,这是ofo在北大正式上线服务的第一天。

"头一天晚上大家干了个通宵,很疲惫,但那天我们就一直盯着后台的数字看,有500多个用户注册,200多个订单。之前哪怕10个用户,都是'求爷爷告奶奶'似的拉来的。这是第一次我们隐约觉得,终于做出了一个有生命力的产品,它是能长大的。"

找对方向,这是ofo小黄车成长中第二个重要的时间节点。

上线第二天,300单,第三天,500单,在上线10天时,ofo日订单达到1 500单。10月底,北大的单校日均订单超过4 000笔。

此后,先是在北京的中国人民大学、中国地质大学、中国农业大学、北京语言大学、北京航空航天大学投放入ofo小黄车。在1月份拿到金沙江创投的1 000万元A轮融资后,小黄车又进入了北京的20多所高校和武汉、上海、天津等城市的校园。戴威并不知道,他们将迎来创业路上"游戏规则"的又一场艰难的考验。

"2015年的12月份,我们的日订单就有2万多单。但到了2016年4月份,多投了5倍的学校,投了这么多车,结果一天还是2万多单。"ofo联合创始人杨品杰回忆说,那时候一直开会分析原因,结论是大量自行车'有去无回'。比如,同学骑车出去买个东西,就不骑回来了,我们得找人往回搬,但架不住每天都有人在往外骑啊,还是个净流出的状态。"ofo的创始团队展开了激烈的争执,最后由戴威"拍板":封校,ofo自行车只能在校园内使用。

"那时候最大的担忧是用户会反弹,不过我们毕竟有数据支撑,90%以上的骑行还是在学校里。确实很纠结,但这是创业的早期你必须要面对的现实:你服务不了每一个用户,满足不了每一个人的需求。对ofo来讲,就是先让大部分人有车用。"

尽管用户对"封校"有抱怨,但在封校之后,ofo的日订单数从2万单"跳升"到8万单,5月17日达到106 322单,突破了10万单,5月26日,ofo获得了经纬中国领投的B轮融资。

2016年9月,各大高校一开学,ofo的日订单数一下涨到日均40万单,收入也随之"水涨船高"到每月1 000多万元。但就在一个月前,摩拜单车宣布进入北京市场。

ofo的联合创始人们在街头观察,骑着橙色自行车的人越来越多了。

戴威开始反思当初的"封校":"城市就是不封校的校园,如果5月就直接选择进入城市,那肯定就不一样了。2016年最遗憾的事,就是进城市进晚了。人更愿意待在自己的舒适区,我们当时计划用两年时间把全国2 000个大学都做完,就觉得,城市等我们两年后更强了再说吧。"

戴威喜欢足球。"看球的时候我有一个体会,要是有个队得了点球却没罚进,多半会被对手进球反超——给了你这样的机会你都没抓住。创业也一样,在机会面前要谨慎冷静,但更要笃定地去把握机会。"

2.2.6 "钱"与"人"的双重考验

2016年10月16日深夜,一辆辆小黄车被从货车上搬下,整齐地码放在北京西二旗和中关村两个地铁站的出站口。车子摆好了天还没亮,卸车的年轻人谁也没走,静静擦起了车,像是父母打扮将要出嫁的女儿。第二天不到7点,第一批早起的上班族走出地铁站,守了一夜的ofo员工手持宣传单围了上去……

进入城市,这是ofo小黄车成长中第三个重要的时间节点。

"我们没有准备好,但我们进城了。"戴威说,"一周之前,ofo刚刚获得1.3亿美元的C轮融资。"从这一刻起,没有人再把他们当作一支青涩的学生创业团队,"刺刀见红"的互联网江湖,在他们面前徐徐铺开。

再后来的故事就是许多人耳熟能详的"舍命狂奔":2016年11月,ofo宣布正式开启城市服务;两周后,日订单超过150万单,成为继淘宝、京东、滴滴等互联网巨头之后,中国第9家日订单过百万的互联网平台;12月,ofo进军海外,在美国旧金山、英国伦敦、新加坡开始运营。

一个数字足够说明ofo令人目眩的扩张速度:2016年10月,ofo只有6万多辆单车,8个月后,这个数字扩大了100倍。

在通往一家成熟企业的漫长道路上,在不容喘息的一路冲刺中,新的挑战又出现了。"最重要的是解决好两个问题,钱和人。"戴威这样告诉记者。

作为大概全中国见识过最多投资机构的"90后",戴威喜欢刁钻但不冷酷的投资者。

"好的投资者能够问出非常尖锐的问题,让你被问得很疼,他一下挖到的都是我们在现在这个模式中暂时没有解决的问题,但他不会上来就跟你提'对赌''回购'之类的条款,不会这抠一点儿那扣一点。只要聊得好,我们不会纠结估值,甚至会打折让大家进入。"

ofo的办公地点搬到了中关村的写字楼里,和老牌互联网公司成了"邻居"。办公区过道里摆着各式各样研发中的小黄车,连茶水间和休息区的桌子也成了"工位"。两米多高的空心大白鸭"肚子"里是张大通铺,上面凌乱地堆着毯子,彻夜加班的工程师们会在这里小憩片刻。

"公司几十个人的时候，大家一块出去吃个串儿、喝个酒就把会开了，现在我们光总部就有600多人，不能再凭热情就让它以最高效运转，只有组织制度的建立才能提供基础的安全。不过现在因为扩张速度快，制度设计上还是会落后。这是非常痛苦的，就像长个儿的时候腿疼一样，因为你长得太快了。"戴威说得相当坦白。

"市场、运营、产品、研发……在这些岗位上，大量成熟的人才乃至团队在进入ofo，你们这么年轻，会不会担心因此失去对公司控制力和话语权？"

对这个尖锐的问题，答案同样坦白："现实生活和打游戏是类似的，你能长到多少级，不取决于你的在线时长，而在于你打了多少怪，过了多少关。你能够应对变化和挑战，有足够强的抗压性和执行力，就能和职业的成熟团队很好地融合起来。"

这种坦白中正蕴含着某种青春洋溢的熠熠生辉。就像朱啸虎对ofo的评价："有些共享单车模式太重了，互联网要靠轻模式迅速占领市场，以后再慢慢做重，这是互联网的一贯打法。戴威的思路很清晰，而且很多打法都很young（年轻化）。"

就像在ofo办公室写字楼的电梯里，一张年轻的面孔兴高采烈地开着"脑洞"："从12楼到9楼就应该修个大滑梯，我每天'嗖'一下就滑下去，多爽！"他的肩膀上扛着尚未组装完成的鲜黄色的自行车架。戴威也在开着"脑洞"："以5年为限，我们还是要先在广度上铺开，等到2022年，希望在全世界最主要的城市里，都能找到我们的自行车。就像是2014年的那个冬天，在小宿舍里我们想，有一天全世界都会认识这个名字，这个骑着自行车的小人，我们一定会成为一个全球化的公司。"

2.2.7 创业青年的自我修养："只要思想不滑坡，办法总比困难多"

ofo在收获广泛认同与支持时，也同样经受了不少争议和质疑。特别是上线近一个月后迎来的"十一"假期，大量涌入校园的游客特别青睐小黄车，造成部分同学无车可用，此前积累的其他使用问题也集中凸显。一时间，"吐槽ofo"成为BBS的热门话题。而在向其他高校推广的过程中，ofo也遇到过许多棘手难题。

张巳丁笑言："每次遇到困难，CEO戴威都说：'只要思想不滑坡，办法总比困难多。'"

面对种种质疑，ofo团队的回应并非仅仅停留在"危机公关"的层面，而是讨论其中的问题，分别做出对应的改变，在改变之后再回应质疑。张巳丁指出："质疑其实是件好事，我们最担心的是没人质疑，那说明根本没人关注这件事，而且在针对不同问题及时与使用者沟通的过程中，也便于团队发现问题、完善业务。"为此，他们还特别建了用户红包群，专门征集信息建议。

此后，ofo相继推进了建立完善维修队伍、智能硬件开发、用户认证（区分游人和师生、采取不同收费标准）等工作。

作为一个创业项目，ofo的公益性质和未来盈利能力之间的关系也是很多人关注的焦点。张巳丁认为："好的商业模式不简单等同于赚钱，第一步一定是产品足够好、能

ofo 维修团队

够受到认可,盈利自然是水到渠成的事。具体到公司层面,现阶段的目标并不是在短时间内赚多少钱,而是希望更好地服务在校师生、更合理地使用闲置的自行车资源、真正利用科技便利人们的生活。好的产品才能带来长期利润。"

2.3 来自创始人戴威的创业启示

2.3.1 自行车和我

我 2009 年进入北大光华管理学院金融系读本科,加入北大的第一个社团就是自行车协会,我们进行了自行车的拉练,去凤凰岭。由此就热爱上了骑行这项运动,在之后的生活中,进行过若干次长途的骑行,超过两千公里的骑行也有过两次。2013 年北大毕业以后,我跟随团中央支教团在青海大通县东霞镇(音),做了一年的数学老师。我们支教的镇离县城大概 17 公里,我就在当地买了辆自行车,每周末从镇上骑到县里,洗个澡,吃一个德克士。因为那个镇经济相对落后一点,一般吃面食和土豆,我们 4 个大小伙子去那里支教,周末到县城吃一次德克士,记得那时候我特别能吃,一次能吃 150 元,因为这是一礼拜饿的。自行车成为我支教那一年无比重要的交通工具。

2014 年回到北大读硕士以后,我就在琢磨,能不能围绕自行车做一个创业。一是因为我通过北大自行车协会进行了很多长途的骑行;二是在青海这一年自行车帮我很大的忙,想围绕这个做创业。

2.3.2 互联网+出行

技术带来出行效率的提升。最开始我们做自行车的时候,没有人觉得自行车这个方向能做什么事情,但是反过头来看,全世界的互联网用户只有30几亿,但是全世界会骑自行车的人数超过50亿,会骑自行车的人占了世界总人口的70%。这证明自行车在全世界的渗透率、普及率是非常高的,我们不能忽视了这么一个现实。

中国有接近4亿辆的自行车是off-line的,停在我们身边的马路上,比汽车的保有量大一倍以上,全球自行车的保有量超过10亿辆,全部都是off-line的,这里面有一个非常大的资源错配,这也是我们当时为什么想做共享单车这件事情。

一方面是因为我在大学的时候丢了5辆自行车,每次丢车就得买,非常痛苦;另一方面,我们看到了这种资源的错配,就是说我自己的自行车,我经常是不可得的,比如,我要从会场去一个附近的地方,但我的自行车却不在身边,而我看到的身边的自行车都不是我的,都加了别人的锁,我没有办法用,这种资源的错配现象非常严重。

举例来说,3公里和20公里出行,其实占用的时间是一样长的。就3公里来说,不管是走过去,还是找公交站坐公交车过去,最少都要花费20~30分钟的时间,而对于20公里的距离来说,用滴滴叫车或者是坐地铁,也是20~30分钟的时间。

为什么距离差了近7倍,花的时间却一样多呢?这是大家平常生活中都会遇到的困难,就是短途出行的窘境。ofo解决的思路是通过技术连接自行车,让更多自行车on-line,用户通过App就可以找到附近可以使用的自行车,并且很便宜。

ofo从诞生的第一天起,我们想做的事情就是连接车而不是生产车,随着物联网技术的发展,我们现在有各种低功耗的长距定位技术的应用,在低温、洪水等不同环境的测试下,ofo的稳定性也越来越高,明年ofo将换成智能锁,我觉得具有连接百亿终端的可能性。

2.3.3 共享经济模式

共享经济带来单车利用率的提升。2015年9月7日,ofo在北大上线,所有的将近2 000辆自行车都是由师生共享的,也就是说原本这2 000个人每人骑一辆自己的车,现在这2 000个人每人可以骑2 000辆车,这个是拿自己的所有权换得了整个其他平台上所有车的使用权的共享方式,我觉得它跟分享经济还是略微有一些区别。

我们现在说的Airbnb、Uber、滴滴,更多的还是分享经济,我的车拿出来开,或者说我的房子拿出来租,我的东西拿出来分享,ofo开创的其实是一种共享模式,就是这些东西是属于大家的,我们一起来用。

我们一辆自行车平均每天被使用5分钟。汽车的私家车使用率大概只有3%,如果是自行车的话,可能只有0.3%(私人自行车的使用率)。现在一辆ofo平均每天可以被使用78.4分钟,这至少是16倍的效率提升。

之前一辆自行车只能服务一个人,并且还非常麻烦,现在通过ofo,一辆车可以服务10个用户,至少又是10倍的效率提升。所以我认为共享经济的这个模式的突破,对于整个效率的提升是非常大的。

2.3.4 创业和骑行

我觉得创业和骑行非常像,我们公司现在定期还会组织全体骑行。因为一个人骑可能骑得更快,但是一群人骑才能骑得更远。在骑行过程当中,我们会遇到各种各样的困难,如刹车闸坏了、爆胎了,等等。一个人骑行带的工具毕竟是有限的,是不足以支撑的,一队人骑行,每个人带一个工具,我们整个团队去应对骑行过程当中的困难。我觉得创业也是这样,每天我们都会面临困难和挑战,但是我们团队有不放弃的精神,有解决问题的力量,像骑行一样,我们团队一起往前走,去解决挑战和困难。

第3章

生物化工团队的科技成果转化梦想

3.1 生物化工团队的介绍

湖南科技学院的生物化工团队是由覃佐东在2013博士毕业后组建起来的,团队现由生物化工专业的3名博士、4名硕士与多名本科生组成,主要从事"生物质的高效炼制"与"生物肽的生化制造"相关研究和成果转化工作。团队自成立以来,初步形成了"精诚合作,求是创新"的文化氛围,获得了国家自然科学基金等资助项目,获得了第五届中国创新创业大赛"全国优秀团队"等荣誉,团队根据地方产业发展需求,协助企业建设建成了省级工程技术研发中心。

3.2 生物化工团队的创新创业旅程

覃佐东于2010年进入南京工业大学攻读博士学位,主修生物化工专业,师从欧阳平凯院士。博士论文开题的时候,导师问道:通过研究能够开发出什么新型产品呢?产品未来的市场占有率可以做到多少呢?这两个问题让覃佐东开始了对科技创新的执着追求。

3.2.1 入侵植物秸秆也能托起一吨重的产品

2010年的深秋,南京的天气已经转凉,苏北大丰港树木的叶片也已凋零。坐在由南京开往大丰港的列车上,阵阵寒风未能吹灭年轻人的梦想之花。大丰港的高楼大厦如雨后春笋,黄海滩涂上的金黄色互花米草秸秆随风起舞,似乎是在招呼年轻人的智慧与之共舞。

只身一个人来到苏北的大丰市大丰港，覃佐东在想：该如何开展工作？该怎样把科研思路在这里得到实践并且弄出点成绩呢？第二天，他找到了大丰港与之对接的管委会领导，拿出自己的初步方案，进行了深入的交流。可方案归方案，这里科研的条件基本没有，从零开始建设谈何容易，短时间出产品的希望基本为零。虽然希望渺茫，但作为"80后"的年轻人覃佐东干劲十足。他第二天拿起电话，就开始询问设备厂家，进行实验设备的购置、实验室的设计与装修。他在不懂方言、饮食不习惯的情况下，就这样连续工作了14天，人瘦了5斤，脸黑了很多。导师来现场了解情况的时候，第一句话就说："如果我再晚半个月来，估计一时半刻认不出你了！"

来大丰一个月了，团队来了个小师弟，实验室基础装修开始动工了。植物秸秆的测试工作带回南京，也取得了初步的实验结果。团队着力开始根据秸秆特性进行产品的创新开发。首先，团队要明确要做哪些类型的产品，做出来的产品未来能够有多大市场。大丰港的合作者们，也非常关心这些问题。而一时半会儿，谁也不能马上准确回答。因为科技创新的成果，拿到市场检验需要时间，需要过程，尤其是对于这样的新团队。接下来的时间里，双方团队主要就是根据可以开发的纤维产品类型及产品市场，展开广泛的调研，拜访专家、走访市场、合作交流等工作一个一个开展，让覃佐东忙得不亦乐乎。功夫不负有心人，经过多次的调研与市场对接，他们的产品与市场定位就是利用大丰港的丰富植物纤维原料，通过纤维改性与产品成型，生产轻质物流托架，用于替代木头或者塑料的物流托架。

开发纤维生物质轻型物流托架（承重1.0吨）的过程是曲折的，因为产品体积大、质量高、脱模难、防水防变性的要求高，之前近40多天的工作，效果都是不是很理想。随后团队又拜访了华南理工大学与江南大学的专家，一起召开视频会议，与研究防水防潮的专家进行联合攻关。按照物流托架的国家标准，他们做出来的产品能够达到承重800 kg重量，但是变性与否还需要时间论证，所以科技创新与深度研发的工作，他们没有停歇。又过去了3个月，合作伙伴把他们的研发产品联合质检院等权威机构进行测试，发现其静态承重已经完全达标，但动态运载过程中的承重指标，还是不能满足产品质量要求。此时的团队，不得不又寻找新的配方和开展产品加工新工艺方法的探索。就这样一遍又一遍地修改方案和实验，团队最终做出了合格的产品。公司也启动了大规模生产线的建设，加快了产品实施产业化的进度。12个月后，覃佐东及其合作伙伴们一起见证了正常生产出来的合格生物质轻型物流托架产品，大家激动地抱在了一起。的确不容易，从熟悉的地方来到陌生的城市，从什么都没有，到一年后的这一天，他们看到了创新创业成果的初步呈现，这就是奋斗的结果、劳动的结晶。2011年，覃佐东同志获得大丰市人民政府"十佳科技标兵"荣誉称号；2013年，他获得了盐城市科技进步三等奖。

3.2.2 烟秆生物质亦能"玩出新花样"

"这是第三次来潮水铺村了，这里的烟秆种植价值还有很大的上升空间。"正在说话的是湖南科技学院化学与生物工程学院生物工程系的主任覃佐东，他长相斯文、鼻梁上架着一副黑框眼镜，今年34岁的他已是生物化工学的科研中坚力量。2014年来，覃佐东随学校领导与老师到永州新田县调研，烟草是当地的主要经济作物，然而烟叶的种植技术尚未成熟，烟农们的收成也并不可观。每年收获后，剩余烟秆生物质被丢弃或者焚烧，不仅资源浪费还污染了当地的生态环境。于是他们决定在新田县的潮水铺村进行试点研究，争取实现烟秆的变废为宝，早日提高烟农收成。

烟秆生物质原材料

从湖南科技学院到新田县潮水铺村约150公里，山道崎岖，单程行车需要近2个小时。在两年多的时间里，覃佐东与其团队科研人员，以及10来名学生，不辞辛苦地来到新田县潮水铺村做动员、搞调研、做测试，最终以科技攻关对烟秆纤维生物质进行分析，发现其富含近60.0%的综纤维素。团队成员以生物质模塑技术干法工艺，实施生物质育苗盘产品开发。烟秆生物质的高效转换不仅将遭遇废弃的烟秆重新定义，更使永州新田、宁远、蓝山的贫困县城的烟叶产量有所增加，带动了当地农业经济发展。

覃佐东告诉老百姓，永州的烤烟每年种植量有几十万亩，每年剩余的烟秆生物质资源量上百万吨，进行该类原料的高效转化与产品加工制造是提升废弃烟秆生物质原料的有效创新之一。

覃佐东带领着湖南科技学院的学生，将废弃的烟秆进行了多次实验与产品试制，功夫不负有心人，他们将曾经一度被烟农所废弃的烟秆制成了当地种烟、种油茶苗需要的育苗盘。育苗盘由烟秆生物制品代替传统的塑料制品，既节能环保，又合理利用了资源，提高了附加值，提升了碳原子的经济性。烟秆育苗盘可与植物根系融为一体，自然降解，是花卉、药材、果蔬育苗的最佳选择，具有显著提高幼苗成活率与减少缓苗期的巨大优势。同时产品结合生物保水保肥核心技术，可广泛应用在土壤贫瘠与缺水的地域，具有良好的市场推广价值与社会效益。

2016年11月，覃佐东带领大学生团队的"玩转烟秆生物质"项目在比赛中一路过关斩将，最终荣获2016年第五届中国创新创业大赛全国优秀团队奖与湖南省二等奖，带领的学生团队参加全国"三下乡"社会实践活动，获得了全国优秀团队奖。

3.2.3 油茶渣里怎能开出鲜花来

永州是我国的油茶之乡，年油茶籽产量达到10余万吨，茶油产量在2.5万吨以上，榨油后剩下的油茶壳、油茶饼等残渣则高达7.5万吨。如何处理这7.5万吨废料？老办法是就地掩埋或焚烧，既污染环境又容易给土地造成病虫害。覃佐东博士带领团队，利用农林生物质高效转化技术，在油茶渣里"开"出了鲜花。

"我们与湖南天球油茶公司合作，利用油茶渣生产生物质模塑产品——纤维花盆，部分替代塑料制品，废弃资源环保利用的同时还为公司找到了新的利润增长点。"覃佐东说。

传统的农林生物质转化技术，一般是将废料转化成燃料或制成纤维板材，损耗较高，"但制作纤维花盆，1吨原料能得到0.9吨产品，基本做到对原料的'吃干榨净'，不会对环境造成二次污染。"覃佐东说，"前不久，我接到了深圳某创投公司负责人的电话，商量投资合作建设生物质高效利用与产品加工厂公司。"

3.3 生物化工团队的创新创业故事

3.3.1 生物化工团队易林林的创新创业之旅——三年初创，不断超越自我

两年前，也就是2015年的6月12日，易林林等一群学生跑到覃佐东办公室，说道："听说覃老师有项目在做，可否带着我们大家一起做呢？"易林林不知道从踏进办公室门的那一刻开始，她的人生轨迹即将改变，至少在大学的最后两年，易林林将变得不一样，遇见一群有梦想的大学生，从此走上创新创业之路。

2014年9月，李克强总理提出"大众创业，万众创新"的全新理念席卷中国大地，推动着国民创业走向全面化、改革化、创新化的进程。当大学生一个个投身到创业大军时，易林林选择汇聚团队的力量，拧成一股绳往前冲。当时并没有想到会给自己带来怎样的改变，只知道未来会给有准备、有干劲的人，于是易林林团队做好了所有的准备，聆听老师的意见和建议，在创业的天地里争奇斗艳，积极地准备和参加了"互联网＋"大学生创新创业的比赛。

"与其说是合伙人，我更加愿意把所有的人当作一个团队、朋友或者是亲人，而不是简单的合伙人。"覃佐东饱含深情地说。

比赛初期，情怀更胜于商业，易林林并没有任何的创业经验，一切从零开始。功夫不负有心人，经过不断地探索与研究，他们开始越来越了解怎么去完成一个优秀的商业计划书，怎么寻找到商业计划书的亮点，怎么把商业计划书落入实践，怎么发挥团队的最大效力，怎么做团队的负责人，等等。就像覃佐东时常说的"不要想着如何赚钱，而是如何让自己值钱"，所以当你不知道干什么的时候，就去先学习，先模仿，再改善，再超越。

2015年下半年，易林林团队第一次聚齐，他们心里都很清楚，这无疑是在抵押大学的这最后两年人生。当然这不是赌博，而是信念，坚信自己能够在这条道路上走下

去，并且会越来越好。

易林林团队

接下来易林林团队一路过关斩将，第一次全体出动去长沙比赛，项目主体是废弃农林资源的价值提升和产品转化，主要目的是心系三农，与农民、农业共同发展。也正是因为这样的情怀，得到了领导的支持与帮助，让他们一步一个脚印，在赛道上愈战愈勇，披荆斩棘，最后走到了决赛的舞台上。希望每一种废弃的生物质资源都能得到利用，希望科学家的每一个成果都能得到转化，这就是易林林生物化工团队的目标。比赛期间，覃佐东老师无微不至的关怀为这个"初生牛犊不怕虎"团队扫清了一切障碍，给予了他们勇往直前的动力和勇气。很多个深夜，覃佐东仍然在耐心地为大家分析比赛形势，照顾团队每个人的情绪，让他们以最好的状态去面对所有的挑战。

答辩排练

2016年是团队快速发展的一年，很多博学多才、实战经验丰富的导师和优秀的学子陆续加入，团队越来越强大，情怀却没有变，商业攻坚战日夜不休。他们自己跟自己拼，自己跟自己较劲，内部的创意，先自己跟自己反复斗争，不打磨到最好不敢往上交，责任感一直在心里。

这个团队开始变得更有战斗力，他们坚持团队理念，不断挑战自己的能力底线，导师们都看在眼里。为了呈现出团队最匠心独具的一面和最精致的作品，导师不厌其烦地解答他们的困惑，领导们也被他们这种"自找麻烦"的精神所感动。

"校友+"大赛

当商业被赋予感性，连自己都感动不了的作品，又何以感动客户？何以感动消费者？他们孤注一掷的坚持换来了那一年"大学生创新创业华中地区一等奖"、首届"互联网+"大学生创新创业大赛三等奖。

参赛留影

2016年，是生物化工团队高速发展的一年。团队开始思考新模式、开始接触资本、开始关注行业未来、开始幻想……也明白了现实和意外的含义是什么。

经历了上一年的实践和思考，2017年易林林开始渐渐懂得了沉淀与冷静，懂得了什么才是重点。正是在资本市场不景气的时候投资人依然相信易林林团队，给予他们莫大的支持，才有了今日之生物化工团队。随后的5月份，生物化工团队在科院509有了独立的办公室，意味着新的开始。生物炼制团队找到了新起点、踏上了新征程。

2017年对于易林林来说无疑是重要的一年、充满期待的一年，在提升作品质量的同时她也开始思考更好地为行业服务。

易林林团队日常会议

合作才能共赢。以开放的心态与这个行业的各个环节合作，整合最好的资源，去中间化，才能为客户提供最好的解决方案，同时为行业建立最好的协作与服务平台。只有市场足够大，大家才能携手开拓更大的市场。

人走在沙漠里，最后常常会渴死在水源附近，因为希望已经不在。易林林时常觉得自己的团队就身处于创业的大漠里，更多时候，不是遇见补给与绿洲，而是遇见绝望与绝境。创业没有技巧和秘诀，只有脚踏实地，希望定会永不熄。心的方向就是路的方向，团队的意志就是团队永不止步的动力，"大漠孤烟直，长河落日圆"，这是创业的孤独之美。每当这个时候，易林林总会忍不住朝左右两边一看，那么多兄弟姐妹正肩并肩，与她一起望着远方，齐步向前，此生足矣。

团队合照

3.3.2 生物化工团队王司齐的创新创业之旅——从零到一，收获成长

马云说："今天我回过来想，我看见很多游学的年轻人是晚上想想千条路，早上起

来走原路。晚上出门之前说明天我将干这个事，第二天早上仍旧走自己原来的路线。如果你不去采取行动，不给自己梦想一个实践的机会，你永远没有机会。所以我稀里糊涂走上了创业之路。""给梦想一个实践的机会"这句话给正在创业路上摇摆不定的王司齐注入一针强心剂。

3.3.2.1 成长在路上，理想永不忘

"这道题简单，你用这个公式换算出来，再把结果带入基本定律就能解出来了。"同学们在学习中遇到的难题在"学霸"的热心指导下总能迎刃而解。她就是来自湖南科技学院化学与生物工程学院生物技术专业大三的学生王司齐，专业成绩第一的她在大学期间获得过国家励志奖学金等多项荣誉。

但在她心中始终都有一个创业梦，希望将自己的专业知识与生物产业结合，利用生物技术带动创业就业，造福社会。湖南科技学院位于永州，她说永州是她的第二故乡，在她参加学院三下乡活动期间，发现永州新田县的烟农将大量烟秆丢弃田间或者将烟秆直接焚烧，造成了资源的严重浪费。在覃佐东博士的指导下，团队成员共同研究出了《一种利用烟秆生产可降解育苗盘的办法》并且获得了专利（专利号 CN201510606895.8）。可降解育苗盘是用废弃烟秆生产的，具有成本低、可完全降解、减少受虫害侵袭的特点，于是她想把这个育苗盘产品先工业化生产，再将产品商业化，最后进行售卖，这没准行得通。在产生这个想法的那一刻，她的创业梦被点燃。

纤维生物质产品

3.3.2.2 风雨共相随，拼搏永不放弃

企业家陈镇光说过："事在人为。也就是说，办事就要找人，而且要找对人；人找得多了也不行，少了也办不成事；办不同的事找不同的人。"创业可是件大事，找对人更是关键。在老师的推荐下，王司齐联系到来自湖南科技学院各个院部的 4 名优秀同学，开启了创业之旅。

在指导老师的带领下，团队报名参加了"建行杯"第二届湖南省"互联网+"大学生创新创业大赛。走出实验室，迈向赛场，是对这个新生团队前所未有的考验。他们见过长沙

两三点的夜,也见过早上5点的太阳,商业计划书、答辩PPT一次又一次地制作和修改,但他们依然斗志昂扬,阔步向前。漫漫长夜,苦咖啡和凉水是他们最好的陪伴。

比赛前一天,老师点评项目说道:"王司齐,你们团队做的PPT不行啊!简直就是原地踏步的模仿,明天早上7点前必须交一个令我满意的版本。"整个思路被推翻且时间紧迫,她感觉到前所未有的压力。但压力是躲不掉的,王司齐没有辜负老师对她和团队的期望,他们遇强则更强,迅速地安排好团队分工,然后坐在电脑前开始了紧张的修改工作。

马云说过:"一个企业家要耐得住寂寞,耐得住诱惑,还要耐得住压力,耐得住冤枉,外练一层皮,内练一口气,这很重要。武林高手比的是经历了多少磨难,而不是取得过多少成功。"于是团队不断地向老师请教,针对PPT模板的美观度、内容欠缺等问进行修改、完善。最终,在团队和老师们的共同努力下,在省赛与国防科大、中南大学等一流高校的角逐中获得湖南省一等奖和最佳创意奖的好成绩。

谈起成绩,王司齐感慨最多的不是一路夺奖的艰辛和喜悦,而是对团队成员深深的感谢和整个团队的成长。在此之前,大概没有人曾陪着她这样不分白天黑夜地奋战,大概没有人在她面前为了一个项目细节跟她争得面红耳赤,大概她也没有像现在这样懂得互相信任的美好。她是个出生于1997年的女孩子,团队成员却总叫她老王,互相也这么叫着,似乎也不怕被叫老了年纪。但是做事的时候,他们确实挺老练的。潘仁博不仅仅要做好自己的财务和营销,还要帮助其他成员改PPT、审核讲稿;黄鹏总是离不了电脑,因为手稍一松开,就感觉哪里还没有做到最好的要再去看一遍,更别谈之前的一次次删改。讲稿总是最后才出来,所以李静要在别的成员稍稍松口气的时候抓紧熟悉PPT和讲稿,她喜欢把自己一个人关在房间里疯狂地记忆。大家都攒着一个信念——同时间和体力、精力做着艰苦而又坚定的斗争。风雨共相随,才是对这个团队最好的形容。

团队成员合影

3.3.2.3 目标牢记心间,梦想永不止步

王司齐很喜欢一句诗,"栽得梧桐树,自有凤凰来",意思是要不断完善自身,才

会吸引更好的事物。而当他们习得一身本领的时候，却又有了对于自己所学不能所用的迷惘和质疑。身边的同学们起早贪黑地做着研究论文，写着实验报告，能看到的只是一个个数据，一个个结论，学到的东西好像只有在实验室里才有意义。然而这并不是王司齐想要的，于是她将烟秆生物质转化技术应用到农业上。当她成功解决了烟农的烟秆处理问题以后，才真正感受到了科学技术的力量，才真正领悟到自己作为一名生物化工专业学生的作用。于是她带动身边的同学，用心地投入现实生活问题的研究当中：有致力于提高油茶亩产的，有研究生物结构预防病虫害的，也有研究将保水保肥技术融入育苗盘增加土地肥力的，等等。压在同学们求学为民的梦之苗上面的大石头已经被掀开，他们全都积极地投入研究之中。其实很多时候，他们并不是没有能力，也不是没有机会，缺的只是向前迈出一步的勇气而已，当有一个人率先打破了那个故步自封的魔咒，每个人都会是创新的生力军。王司齐正是那个第一个吃螃蟹的人，追逐着自己内心的创业梦，不论前路有多少艰难险阻，她都坚定不移地前进着。途中，她身边的队伍在不知不觉地壮大着，从最先的团队伙伴，到班级同学，再到整个学院都掀起的一股创新创业的浪潮。有梦的地方就有希望，相信他们一定会在"大众创业，万众创新"的路上越走越远，直到实现他们自己的梦想！

3.3.3　生物化工团队陈海峰创新创业之旅——在实践中蜕变，在坚守中成长

经常提醒自己，再忙也要回眸一下走过的脚印，一年365天，8 760小时，525 600分钟，31 536 000秒，每一秒都在变化，在这个时间轴上，有很多美好的故事、很多触人心弦的情节，而他加入生物化工这个团队，绝对是这个轴上最重要的一笔。

2014年9月，陈海峰来到湖南科技学院求学，在这里他遇到了人生的第一位真正意义上的导师——覃佐东博士。陈海峰第一眼见到覃佐东，就被覃佐东独有的气质与魅力深深地吸引了，他甚至觉得眼前的这位老师不像是一位老师，而像是朋友，又或者更像是亲人，当覃佐东得知他的母亲在常德卷烟厂工作后，立马就对陈海峰说："正好我最近在研究烟秆生物质的开发利用，这个烟秆就是你们做烟的烟叶收割后剩下的秆子，你对这个有兴趣吗？愿意加入我们吗？""我愿意。"当时他毫不犹豫地说。

自幼成长在农村，纯朴的农村生活给陈海峰留下了深刻的印象。那片热土让陈海峰学会了独立和坚强，现在这样机缘巧合地加入了生物化工团队，在烟秆的这片海洋里陈海峰清楚地找到了自身的定位与方向，在大学四年里从一而终。

初入化工团队，一切都是从零开始，老师们交代的任务，只能依靠自己去摸索，去向团队的学长学姐们请教。通过不断地学习与实验研究，陈海峰发现烟秆真的是一种很好的生物质，宽而扁的木质化纤维，有较好的韧性，含碳量之高足以将其加以利用来取代木材。这不仅将产生巨大的经济效益，而且还具有较大的社会效益与环境效益。

陈海峰还记得自己大一的那个暑假，与老师一起去永州新田调研烟的种植与烟秆的处理情况。远远地就看到一股滚滚黑烟直冲云霄，就好似一场激战刚结束后的硝烟，现场一片狼藉，那场面至今仍让陈海峰印象深刻。走近才知道，那是烟农们在处理废弃的烟秆，通过询问得知，烟秆不是被焚烧就是被丢弃在田间地头，没承想陈海峰眼中的宝贝就被如此"糟践"，这让陈海峰对烟秆开发研究的想法更加坚定。

下乡调研

通过团队的努力,他们根据烟秆的特性(含有天然杀虫剂——烟碱)将其开发成育苗盘、花盆等产品,将其榨干用尽,并于2015年9月成功申请了发明专利。

当陈海峰第一次看到用烟秆加工制作出来的育苗盘和花盆时,他知道这就是他们想法的结晶,他们的努力没有白费。可这样的产品到底有没有实际应用价值呢?与市场上的同类产品相比又有何优势呢?问题接踵而至。于是他们在学校找了一块空旷的土地,用烟秆育苗盘培育起了藏红花,一天、两天……半个月过去了,和陈海峰预期的一样,育苗盘已降解了一半。一个月后,育苗盘完全降解,藏红花也长势甚好。当他们对用了育苗盘和没用育苗盘的藏红花成活数进行统计后发现,用了育苗盘的成活率比没有用的足足高了80%。

育苗盘培育藏红花

技术和产品都有了,生物化工团队开始着手于成果转化和技术落地,用生物技术服务"三农"、服务社会。为了让更多的人深入了解他们的技术与产品,他们下乡进行产品宣讲,与永州烟科所洽谈合作,参加首届"互联网+"大学生创新创业大赛。可谓是"以赛促学",虽然在这次比赛中并未能很好地将他们的想法展示出来,但却让他们学会了如何去撰写一份优秀的创业计划书,学会了如何去挖掘创业计划书中的亮点,学会了如何将自己的想法更好地展示给世人。

产品宣讲

就这样,陈海峰在老师的指导和学长学姐们的带领下不断成长,完成了从一个在团队中打酱油的角色到能带领团队参加国赛的蜕变。2016年,在覃佐东的指导下,陈海峰带领团队参加了2016"创青春"大学生创新创业大赛,有了前面的基础,他们准备起来更加得心应手,团队成员心手相连,同舟共济,多少次走村访户进行调研,多少个彻夜长谈准备材料……最终在省级舞台上斩获金奖,并作为湖南省唯一公益项目角逐全国总决赛。生物化工团队的项目还得到全国总决赛中一位评委的青睐,要与其洽谈合作。一路的艰辛终于得到了肯定,没有什么比这来得更值。

与烟科所洽谈合作

"创青春"团队留影

2017即将过去一半,几多欢喜几多愁,摈弃烦心往事,珍藏宝贵的经历,不管过去发挥得怎么样,但是生物化工团队的友谊将会天长地久,他们用最纯洁、最善良的行径为自己以及周围的人创造美好的生活。人要有远大的目标和崇高的理想信念,希望创业之梦从生物化工团队起步,事业也可以在这里起步并且更上一层楼,不断提高自己的专业素养和综合能力,用最好的自己、最热情的自己和生物化工团队一起成长。因为适合自己的东西就是最好的,适合社会的东西就是有益的。陈海峰深知自己可能做不到最好,但他们将竭尽全力做到更好。

3.3.4 生物化工团队张星创新创业之旅——一分耕耘,一分收获

张星始终相信上天是公平的,在你失去一样东西时,必会在未来的某一天得到同等的回报。第一次高考的失败,曾一度让张星跌入人生的谷底,复读之后的她被湖南科技学院录取,于是张星遇到了覃佐东——张星人生的良师益友。

风起于青萍之末,浪成于微澜之间。在国家"大众创业,万众创新"的新浪潮下,覃佐东诚邀张星加入生物化工团队,自此走上创业的这条道路。

3.3.4.1 2015年湖南省"创青春"大赛

经调查,湖南种植的烟秆农户较多,烟秆的原始焚烧处理随处可见。那么,在当今推崇环保为主的观念下,在湖南省对建设"资源节约型、环境友好型"两型社会的策略下,张星一直在思考,他们到底要该如何去处理这类废弃生物质呢?如何将其转化为高附加值的产品呢?眼光让他们选对方向,坚持让他们走向成功。生物化工团队将目光投向烟秆,通过生物转化利用途径,利用烟秆生物质生产系列高附加值的绿色创新产品,如环保育苗盘、可降解花盆、活性炭等,从而达到烟秆农林生物质高附加值利用,对建设湖南省"资源节约型、环境友好型"两型社会具有重要的科学价值与社会意义。每项产品的研发都离不开技术的支持,富有竞争价值的核心技术是创业成

功的一大关键。在整个技术的研发、创新、专利申请、产品试验等过程中,他们坚持了下来,从而让他们有了取得更大成就的机会。

第九届全国创新创业大赛优秀团队

当然,所有的创业灵感都是在一定的机缘下产生的,对于张星来说也是一样。在无数次科研探讨中,在老师激情澎湃的解说中,一个创业灵感产生了,他们找到了方向——生物质高效炼制。在老师的牵引下,一群有创业梦的大学生犹如一盘散沙凝聚到了一起,团队于2014年成立,成立初期,他们并没有感受到凝聚的力量,因为大家什么都不懂,彼此不了解,只知道每天学习模仿,那时的他们只想达到老师的要求。通过团队一年的磨合,在2015年的"双创"时代潮流下,他们接受了创业这一挑战。

团队合照

2015年是推进创新创业的发力之年，团队每个人共同发力，参与了"湖南省大学生创新创业大赛"；创业不仅是创造社会财富，更是一种精神追求和人生阅历，是一个不断克服困难、挑战自我、实现价值的过程。从这个意义上讲，创业本身就是一种宝贵的财富，无论是否取得商业上的成功，都能让张星在精神上得到砥砺和磨炼，全面提高自我认知水平、发展能力和意志品质、核心竞争力。

湖南省创业路演活动

课余时间张星和小伙伴们一起探讨，许多个夜晚他们负重前行，她最喜欢的还是晚上11点钟回宿舍的那条路，人美、景美、心情美。带着老师和同学的期望，她和团队第一次踏上省赛的征途，紧张的两天在他们的布展答辩中度过，最后获得了湖南省"金奖"，成功晋级全国赛，在整个过程中他们又解决了很多项目问题，同时也发现了很多需完善的问题。

3.3.4.2　2016年全国"创青春"大赛

进入决赛，张星变得更忙了，在2016年的暑假，由校长曾宝成教授带队参加永州市新田县公益实践，进行了产品宣讲与试用，烟秆相关知识普及等活动，村民反映的问题及时得到处理，为他们的项目进行了更完善的修正。

产品宣讲会

曾宝成教授带队参加公益实践

如何进行视频剪切？如何让展板设计得更美观简洁？诸如此类的问题让前期准备工作很繁重，但每个人都在坚持，坚持做到更好更完美。决赛前一个星期，张星随团队奔赴了成都。在那一个星期里，他们和往常一样与老师们一遍又一遍地修改着答辩稿，一遍遍地排练，他们每天都必须吃金嗓子，每天都感觉睡眠不够。创业是一群人的狂欢，让彼此的思想肆无忌惮地碰撞，而激情则是每个创业者应有的姿态，他们高昂的斗志，让他们走过了决赛，最后以"银奖"完成了这场比赛。为了得到更多人的肯定，团队永远保持创新的态度，不断参加更多的比赛，不断增加自身的含金量，努力向前，从未停止。

全国"创青春"活动合照

3.4　生物化工团队的创新创业梦想

梦想还是要有的，万一实现了呢？全国大力倡导"大众创业，万众创新"的历史机遇下，生物化工团队秉承"精诚合作，求是创新"的精神，着力围绕"生物质的高效炼制与生物肽的生化制造"开展研究，并将研究成果对接地方产业发展，力争"把论文写在大地上"，真正地为地方产业发展做出应有的贡献，实现新时代学子们"科技兴国"的梦想。

第4章

九尾信息科技有限公司&兼职猫——亿级兼职人力市场的拓荒者

兼职猫是由大学生打造的诚信兼职平台，是国内第一款基于数据挖掘的招聘领域垂直搜索服务手机应用。截至目前，兼职猫拥有 60 万个企业注册用户，1 400 万个 C 端注册用户，终端月活用户 306 万个。平台日均招聘岗位数 25.6 万个，月收入 600 万元。

在过去 5 年的快速发展中，这个由大学生白手起家创建的公司，创造了一个又一个"神话"。例如，兼职猫，在"第三届中国移动互联网博览会暨创业大赛"中，获得第一名，并获得百万级天使投资。

每个公司的创立与发展都不是一帆风顺的，参与的每个人都挥洒了太多汗水、经历了太多坎坷、隐忍了太多心酸。但是他们的付出都是值得的，因为他们有梦想、有目标。正是他们的付出，"兼职猫"才获得如此成功。

4.1 兼职猫创始人，被母亲一个巴掌扇醒的网瘾少年

"认真你就输了，一直认真你就赢了。"——王锐旭

王锐旭就是兼职猫的创始人，九尾信息科技有限公司的 CEO 兼创始人。

王锐旭有着不一般的"履历"：除了在广州中医药大学期间 5 次获得奖学金，还曾经荣获"中国优秀科普志愿者""千名志愿者"称号，获得首届广州青年创意创业大赛一等奖、"2014 挑战杯"广东省创业实践赛金奖、"粤港澳"移动互联网设计大赛一等奖、校药膳大赛一等奖等 30 多个奖项，并获创新创业训练项目国家、省级立项各一项……他是学业与事业两不误的创业青年典型。

他的创业经历更加非同一般，做的是手机应用 App，大学读的却是与此毫不搭边的"中药资源与开发专业"。他在创业前做过保安、摆地摊等兼职工作；大二成立魔灯团队

为企业进行校园品牌推广；大三时用自己积攒的7万元创办九尾信息科技有限公司，组建了一个由15人组成的创业团队，主推"兼职猫"，供大学生在上面搜寻各种安全可靠的兼职信息。他曾用一份8角钱打印出来的兼职方案，赢得了创业的第一桶金。

王锐旭

但是王锐旭也曾脆弱、迷茫过，也曾有过一段黑色的过去。

1990年，王锐旭出生在汕头市区东部的一个小镇，潮汕人骨子里重商、崇商的基因同样也根植于王锐旭和他父亲身上。20世纪90年代，在推行外贸承包经营责任制的热潮中，当地大量的家庭小作坊顺势而兴。王锐旭的家里经营羊毛生意，即从内地批发羊毛半成品、成品，再出口到海外。彼时羊毛厂的生意让父母忙得不可开交，7岁的王锐旭便已担当起自家"账房先生"的重任，给100多个工人发工资。

可惜，上初中后，王锐旭成了网吧的常客，几乎每天都要待上几个小时，"有一次'五一'假期，为了网游通关，7天和弟弟泡在网吧里，每人轮流打游戏12小时，甚至饭都顾不上吃。"王锐旭回忆，不久之后，自己成了不折不扣的问题少年，网游、吸烟、喝酒、逃课样样均沾。

祸不单行，中考前，家中工厂突遇危机，欠下巨额债务，家里破产。初三毕业，王锐旭拿着280分的中考成绩单走到母亲面前时，母亲打了他一记响亮的耳光，"妈妈哭了，可以想象她有多伤心和无助。"王锐旭被拉回残酷的现实，那一记耳光让王锐旭彻底醒悟，他开始意识到要挑起家里的重担。

于是他提出要接手父亲的工厂，不料这个想法遭到父亲的强烈反对。"他自己没有文化，所以不想我们走他的老路。"王锐旭说。王锐旭被送回初中复读。父母也一改以往放养式的教育方式，加强对他学习的监督，为了帮助他戒掉网瘾，特意把他送到附近没有网吧的中学复读。

一连串的打击让王锐旭清醒了，他决心好好复读。戒掉了网瘾的他埋头苦读。在父母的监督和自己的努力下，他考入了汕头华侨中学。高中时更是跻身前100名，理科成绩尤其突出。2010年，虽然英语成绩一直不理想，但他还是冲过一本线，补录到了广州中医药大学"中药资源与开发专业"。

原本生活就将在平淡中前行，而一个不经意的小事就会变为命运的转折。2011年的"五四"，广中医召开十大风云人物颁奖，来自不同专业的优秀学长学姐给学弟学妹们传授成功经验。自从那晚听了一个优秀师兄的经历后，王锐旭恍然大悟，大学不一定是死读书，还可以有其他的出路。于是，他开始参加各种社团，锻炼自己。大二时担任一个社团的外联部部长，一年就为社团拉了近4万元的赞助费。此后，王锐旭越来越有自信。开始考虑"经商"，他身体里潮汕重商的基因开始被激发出来。

如今王锐旭也成为"90后"大学生创业的成功案例，但王锐旭并不愿止步于此。祖籍潮汕的李嘉诚是王锐旭最崇拜的人，在王锐旭的微博中不乏对王健林、潘石屹等大佬文章的转发与追捧，可以看出这位"90后"CEO志在远方。他说，不管做什么，希望自己都能做那个最棒的，要不然就没有乐趣了。

4.2 创业历程

4.2.1 念头的萌生

2010年9月的大学校园，到处都是刚入学的新生。可王锐旭走入学校大门时，却并没有别人那般轻松。彼时，家中生意失败，负债累累。大一时，王锐旭遇到心仪的女孩，因为谈恋爱，生活费明显不够用，当打电话回家要生活费时，他听出电话那头母亲的失望。"家里因破产依旧债台高筑，我骨子里有潮汕的大男子主义，潜意识里会想到要保护好母亲，不能让母亲为我而伤心。"王锐旭痛下决心，要自己赚钱，他希望能多做些兼职，养活自己之余，分担债务。

在创业之前，王锐旭为了赚钱做过很多兼职，做保安、摆地摊，甚至做模特经纪人。一心找兼职的他却先后遭遇了"交培训费""办100元的工卡""交兼职服装费"等五花八门的骗术，被黑中介骗走不少钱。

"那时是个书呆子，什么都不懂。"王锐旭所在学校的勤工部多提供校内岗位，如图书管理员等。由于名额有限，常出现200多人抢10个名额的现象。他就在58同城、赶集网等网站找兼职。

入学后的第一个国庆节，他在58同城上看到的一家公司招聘广告，对方却极力建议他办会员卡：交299～500元成为不同等级会员后，可以为他推荐4年兼职工作。也不知幸运还是不幸，王锐旭囊中羞涩，根本支付不起。他回到学校后，却听闻身边同学有很多被这样的黑中介骗过。

这些惨痛的经历让王锐旭看到了大学生兼职的商机。再加上社团经历让王锐旭意识到校园外的大企业都迫切地想打开高校市场，但却苦于找不到有效渠道。瞅准商机，他开始筹建他的校园推广团队，并慢慢催生了做"兼职猫"的念头。也正因此，他创办的"兼职猫"非常重视发布信息的真实性。

4.2.2 从做兼职到匹配兼职

兼职中，大二的王锐旭获得商家的肯定，积累了一定的商家资源。再加上在社团做部长、会长等,认识了很多同学。他想到:自己做领队,对接商家与学生,帮助同学找兼职。于是他组建了魔灯团队,和小伙伴们努力创业。

2012年5月,王锐旭接到了自己带队执行的第一个项目——清酷饮料促销。起初,商家只想招募几个学生在广州大学城做简单推广。由于对方对首场活动效果比较满意,便渐渐将整个广州市的推广活动交给王锐旭负责。

此后,王锐旭接到宏基笔记本等更多商家的促销任务,每月能匹配上千人次兼职。

4.2.3 创业的转折

2012年4月,一次与中移动经理的面谈是王锐旭创业的另一个转折。

2012年初夏,王锐旭打听到中国移动广东分公司一个9月高校迎新推广校园卡的项目,他意识到在大学城的他机会得天独厚。

初生牛犊不怕虎,王锐旭和助理主动找到中移动经理进行了一次他至今都难忘的面谈。当时中移动要求团队工作人员超过50人,但他的团队才6人。不过,王锐旭拍着胸脯说人数绝对够。

王锐旭开始疯狂地"招兵买马",到9月,团队已经发展到80多人,人员几乎覆盖了大学城10所高校。如今回想,王锐旭也忍不住感叹:"那时是冒了很大险,一旦考察不通过或者活动失败很可能面临违约。"最终他和团队一共营收10多万元,这也是王锐旭创业第一桶金,也赢得了人气和信誉。

委屈、白眼、苦头、坚持、拼搏,换来了业务的上升,团队人数也从"二人转"升级为"四十人合唱团",月收入也从零升到15万元。

在团队发展的压力下,出于对大学生兼职市场的看好,王锐旭成立了九尾科技有限公司,并启动了大学生兼职平台——兼职猫的开发。

那时的资金并不足以支撑技术研发,于是除了技术团队,所有人又投入了新一轮的校园代理和兼职工作中,只是为了一个简单得不能再简单的目的:养活技术团队。

王锐旭和他的团队伙伴们

4.2.4 直接获取兼职岗位信息

为 200 多个项目做广告策划期间，王锐旭渐渐发现能快速增长的行业，都与移动互联网相关，如腾讯、UC 等，"他们给钱也特别爽快，常常活动没执行完就结款了"。

考虑到更长远的发展，结合自己擅长的兼职招聘领域，回忆起踩过的坑，王锐旭决定开发一款 App，为更多兼职人员对接真实可靠的岗位，"想做这个行业的一个搜索引擎平台"。

2013 年 10 月，大四的王锐旭组建好技术团队，投入 App 开发。起初，岗位信息 95% 以上都是从其他网站抓取而来。

至年底，面向 C 端用户的兼职猫 App 上线。团队通过以前的领队资源，以及 QQ 群、微信群、豆瓣、贴吧等推广，并试着在微博和 QQ 空间等社交平台买了广告。"很快获得了前 1 万个用户，平均获客成本七八毛的样子"。

兼职猫 C 端 App

上线当天，王锐旭照常坐在工位前，只不过关注点全在后台数据。看到匹配的数字从 0 到 1 的瞬间，他喊来其他同事一起看，大家都有种意外之喜。"当时产品并不完善，却还能收到报名"。

王锐旭想，以后如何能把这个数据做大？反思产品，他认为抓取来的岗位信息可能与真实可靠的初衷不符。结合自己手头积累的商家资源，上线 B 端 App、供商家发布兼职信息的想法涌上心头。

2014 年 4 月，被创新谷考察一个多月后，项目完成 100 万元天使轮融资。一个月后，B端兼职猫App上线。王锐旭依靠此前积累的商家，获取直接的兼职岗位信息，平台抓取部分比例开始逐渐降低。商家经过实名及实地认证后，方可发布兼职岗位。

此后，王锐旭计划从广州开始，逐步将产品推向全国。在广州大学城时，大家一起到学校派传单、贴广告牌。然而，传单很快被随手丢进附近的垃圾桶，广告牌不出几日就被新的广告覆盖。

为推广效果更持久，团队设计KT板，可以挂在树上，"留存三五个月没问题，可以长期曝光，效果好很多"。

做好后，王锐旭下班后经常带着同事，一起踩着单车，沿途不时停下，将KT板广告牌用绳子挂在树上。

2014年年底，"兼职猫"走出广东。王锐旭派出"先锋队"，首个目标是攻入北京。除了用与广东市场相同的推广方式外，团队还针对北京的情况设计了卡套等小礼品吸引大学生关注。

4.2.5 获投6 300万A+轮

首届广州青年创意创业大赛，团市委邀请了一批专家和风投来"相马"。作为一匹受人瞩目的"黑马"，王锐旭被相中了，不仅获得创业大赛冠军，还获得一笔风投融资，多名风投向他伸出橄榄枝，但他却告诉身边的人："这一次，最大的收获是团市委为我提供的这一张桌子。"

王旭锐（左一）获得创业大赛冠军

从这里出发，王锐旭的兼职猫拿到第一笔天使投资，之后的一年里，兼职猫顺利地拿下了第二轮天使融资和千万级的A轮融资。

扩张的同时，团队仍保持迭代，陆续上线兼职旅行频道（解决背包客异地兼职需求）及兼职保险功能。"为保证岗位真实性，我对所有平台投保用户承诺，如果在兼职猫上找兼职被骗，我直接全款赔偿。"用户只需要拉自己的好友用兼职猫，就可以免费获保。

至此，兼职猫尚未有明确的盈利模式，只有商家的线上 VIP 费用（可发布更多岗位、直接获取兼职人员联系方式等）及部分广告收入。

2015 年年初，获挚信资本 300 万美元 A 轮投资后，王锐旭开始规划商业模式，并于 7 月上线喵任务，年底上线 B2L2C（L 即领队、中介等）。喵任务主要接受 App 推广、产品调研及试用等小任务，用户用零散时间通过手机即可完成。团队从中可抽取 40%～50% 的佣金。

B2L2C 则成为兼职猫最主要的收入来源。"我们希望砍掉一层一层的平台，直接对接大企业，既降低企业人力成本，又让用户拿到更高的岗位工资。"与大企业谈合作时，王锐旭信心十足。"基本都是他们主动找我合作，因为他们的需求是全国性的，传统的兼职中介人力资源公司仅能解决两三个区域的需求。"商业模式确定后，兼职猫获得的第一大笔订单来自于优衣库。去年，王锐旭更是将重心放在 B2L2C 业务上，兼职猫陆续为名创优品、家乐福等企业服务。全年立项 1 700 余个，其中 32% 是 B2L2C 业务。

团队也随项目扩张不断扩容。至今，公司拥有 100 余名员工，其中高管大多来自腾讯等互联网公司，携 10 余年管理经验而来。

其间，王锐旭听闻资本寒冬将至，于 2015 年 9 月早早开始路演，为寒冬"备粮"。至去年 3 月，项目获梅花天使创投及赛曼基金等青睐，完成 6 300 万元 A+轮融资。

截至目前，兼职猫拥有 60 万个企业注册用户，1 400 万个 C 端注册用户，终端月活用户 306 万。平台日均招聘岗位数 25.6 万个，月收入 600 万元。

提及未来规划，王锐旭简单直接："先赚它一个亿。"他计划将兼职培训业务正式提上日程，以搭配 B2L2C 业务，更好地服务企业。

4.3 参加总理座谈会

2017 年 1 月 27 日上午，中南海的一间会议室，国务院总理李克强正在主持召开科教文卫人士和基层群众代表的座谈会。与另外 9 位与会代表诸如复旦大学校长许宁生、作家王蒙、篮球明星姚明、演员陈道明等"大咖"相比，"90 后"大学生创业者代表王锐旭显得非常稚嫩，但他毫不怯场。

4.3.1 代表"90 后"创业者向总理提建议

王锐旭是来自广东的唯一代表。座谈会上，他是第七位发言者。王锐旭结合自身经历对大学生创业提了建议，李克强与他深入交流。他说，促进大众创业、万众创新，大学生是其中的重要力量，要为他们实现梦想和自身价值"铺路搭桥"、创造条件。王锐旭回忆说，总理不仅了解他的创业经历，还鼓励他说"非常欣赏年轻人白手起家"。

王锐旭向《中国青年报》记者坦言并没有准备太多文字资料，在现场是脱稿发言："因为是结合自身创业经历谈，深有体会。不过我为了参加座谈会专门准备了两套西装。"

对于最年轻的与会代表这一身份，王锐旭认为，自己代表的是广州大学生创业者群体，能够被邀请得益于自己 4 年大学 5 次获得奖学金，"兼职猫"创业项目成绩不凡，以及学校、政府各方的助推。

王锐旭在总理座谈会上

4.3.2 用行动给"90 后"贴上新标签

作为一个"90 后"，王锐旭没有半点"90 后"的特色标签与特征。在同事的眼里，王锐旭如邻家男孩般可爱亲切，甚至有些呆萌。他穿着简单得体，面容总是从容淡定，时刻保持着微笑。

"作为从农村走出来的草根'90 后'，我很珍惜。"王锐旭说。他用行动给"90 后"贴上了新标签：奋勇、坚韧、踏实、拼搏。

创业前期，作为团队 CEO 的王锐旭需要全盘负责推广、运营、公关等事务。"我的工作很杂，哪里需要帮忙就过去帮忙，作为领导者要带领大家。"而今，公司部门职能区分越来越清晰，团队也不断壮大，王锐旭主要负责统筹公司的工作。

王锐旭的一名同事向记者透露，王锐旭非常勤奋刻苦，基本每天从上午 9 点开始工作到晚上 12 点，"好像一个人能做十个人的事，还经常帮忙做其他工作"。

王锐旭在北京时因水土不服身体出现不适现象，但是第二天他依旧坚持上班、出席会议。对此，他的解释是："我现在是创业者，就必须学会承担这一身份带来的所有责任。至于工作方面，我有身边的伙伴陪伴着，和他们一起奋斗，这让我感觉很好。"

参加总理的座谈会后，王锐旭人气爆棚，但他工作上基本没什么变化，似乎这事从未发生过。他照常上班；下午，他出现在共青团与人大代表、政协委员面对面暨市政协十二届四次会议提案交流会现场。王锐旭就建设一站式服务孵化基地建议："希望孵化基地能够建设得更具公益性，少一些商业元素，并且提供包括大学生政策申办服务在内的一站式扶持服务。"

王锐旭表示，有关创业的活动，被邀请了，他一般都会参加。座谈会给王锐旭带来了更多关注的目光，但是对他和他的团队来说，低调做人、高调做事才是始终不变的原则。他一再提醒同事：要继续努力，千万不要骄傲，要踏实地做好产品。

4.4 创业感悟

王锐旭在自己的微信签名档上写着：做一个卑微的接地气的奋斗者。

他用3个扩充的词来解释这句话中3个定语的含义：放低姿态、拥抱市场、努力前行。

用他的话说：以一个大学生创业者的身份，姿态放低是为了换取更多人的接受；拥抱市场是为了占领为数不多的时代机会，并站稳脚跟；至于努力前行，则是为了赢得他一直渴望的东西——成功。通俗地讲：拥有更好改变生活的能力。

他有一套自己的创业价值观。接受媒体曝光，是一名CEO该尽的职责，刷脸的推广对创业型企业而言，廉价而有效。实质上，王锐旭会更多以职业的方式配合这个固定动作，把喜欢或不喜欢这种情绪化的东西先搁置在一边。

时至今日，尽管仍然有媒体舆论把王锐旭与受到李克强总理接见这件事并提，但他却觉得从自己长远的创业生涯来看，这不算是一个非常成功的标志性的事件，"我自己会慢慢地去看淡这个事情，也让自己能够沉下气来"。总理的接见，毫无疑问能够很好地推动兼职猫的知名度，但作为一个创业者，王锐旭更希望能自己把控未来，甚至是能够某一天抛弃掉这一个标签，创造一个与创业者本身更贴合的标签。

他也有一套自己的创业方法论，用尽所有精力去获得一个"搞定"的结局，其中不乏生意场上所需要的强硬和妥协。王锐旭拿他去见投资人举例，说一定会在见到这个机构和人之前充分地做足功课，除了搞清楚投资机构过往的投资项目和投资习惯之外，甚至细化到投资人的性格特征和投资喜好，而该呈上的故事和用户数据也会适时抛出，一样不落，并在整个谈判过程中保持不卑不亢，保留底气，让双方都能够在合作中保持舒服的姿势。

还花着750块钱月租住在大学城贝岗村里的王锐旭，可能并不在乎媒体上隔三岔五给他冠上"估值过亿的'90后'创业者"的名号，他看重的是用自己的坚持和努力改变周围人的生活，他会半认真半开玩笑地讲："比如，我女朋友以后出门买东西都不用翻牌看价格。"

相比而言，他毫不讳言会更喜欢"人生赢家"这样的标签，他拿球场上的竞技做类比："如果将创业当作竞技比赛，而且很专注这个比赛的话，那我就会很想取得成功，也就是我一定要赢这个比赛。"

第5章

从校园"倒爷"走出的"三人行"

钱俊冬

钱俊冬，曾是一名因家庭困难而申请缓交学费的贫困大学生，他为了学费当起了"倒爷"，却发现了更大的商机，成为校园经济的开拓者和领先者。2000年开始校园创业，经过3年的经营和积累，拥有了一个50万元注册资金的"三人行"学生创业公司，不仅替父母偿还了家里所有的债务，还摘去了"贫困生"的帽子，圆了求学梦，也成就了自主创业的理想。2005年创建的三人行传媒公司，目前已经拥有300多名员工、全国25家分公司，运营900所高校以及社会平面媒体数万块，年营业额1.5亿元，成为西北地区乃至全国颇具影响力的大型专业市场营销传播机构。他就是钱俊冬，他的创业故事与众不同。

5.1 三人行公司创始人兼 CEO

5.1.1 少年雄心

1999 年，一场家庭变故影响到了他的学习，钱俊冬高考失败。哭过之后，最终跟着"淘金"的父母从安徽来到天津，准备自学再战。靠着父亲做卤味的手艺，全家人在天津大港区上古林一个偏僻闭塞的小巷子租住下来，省吃俭用，筹还借款。在这一年里，每天早上 6 点父母第一锅烤鸭出炉的时候，钱俊冬已捧起书开始温习功课了；晚上 12 点父母的推车铃声响起来时，他合上课本，又马上跑出去接下车上的东西。

5.1.2 凑钱入校

2000 年 9 月，钱俊冬终于如愿地考取了长安大学公路学院。当学校的录取通知书送到家里时，全家人既欣喜又发愁，生意的失败使他们债务缠身，已经没有能力凑够儿子开学所需的费用。短短几天时间，父亲头上的银丝便盖住了黑发，仿佛一下子老了十几岁，姐姐则一连多少天不休息，只了为多挣加班费。在长安大学报到处，他紧紧攥着信封里的 2 000 元现金，在报名的长队里他一次一次退到最后面。终于，他鼓起勇气去找学院的辅导员，在学校对贫困学生的照顾政策支持之下，他争取到了缓交学费的机会。心绪安定下来的同时，他的心中也有了一个异常坚定的信念：越是日子困窘磨难重重，越要咬紧牙关，明天一定会掌握在自己的手中。

5.2 创业历程

5.2.1 发现机遇

开学第三天的下午，刚从自修室回来的钱俊冬正独自在寝室里翻阅飘着墨香的新教材，一位师哥推门进来，向他推销随身听，80 元一部。钱俊冬故意说："老兄，我也卖这个，60 元差不多了！"师哥急了："你不也在康复路和轻工进货吗？干吗要砸价呢？"钱俊冬觉得这里面大有玄机。正说着，室友们回来了，这位师哥打开话匣子说："我手里的随身听最便宜了，还有调频功能，可以接收学校的语音广播……"结果，这位师兄没费多少口舌，他书包里的 4 部随身听被以每部 80 元的价钱留在了他们宿舍。

这件事情触动了钱俊冬。他隐约觉得自己身旁有一种机遇，有一个比较大的消费群。他瞅准了这个市场，随后几天马上去了西安东郊这两个小商品批发城，走遍了所有摊点，仔细对比随身听的性能和价格，拿出了所有的存款，以 15 元一部的价格批发了6部师哥推销的那种随身听。钱俊冬做了第一笔小生意，6部随身听净赚了300元，这是他的第一桶金，他尝到了其中的快乐。

之后，他便一发不可收拾，在课余时间，总把两只眼睛紧紧地盯住同学们的消费品上。大家刚习惯用电话卡时，他四处打听找到了IC卡经销商，把更低廉的电话卡介绍给同学，在自己小赚一点辛苦费的同时，让很多同学也得了一些实惠，并和他交上了朋友。后来，游泳课的游泳衣、考研的资料、英语磁带，等等，他总有低于校外价格的物品。钱俊冬在解决了生活问题的同时也赢得了更多的信任和稳固的客户群，成了校园中有名的小"倒爷"。大一的一年他成了校园里有些名气的"生意精"。熟悉他的很多同学，都不再叫他钱俊冬，而是"钱倒"。

钱俊冬在课余不忘读书来充实自己，大量阅读了经济学、法律、心理学、市场营销、公关等方面的书籍。他认为掌握更多的知识能帮助自己将来创业。他还参加了学校的第一届创业策划大赛，名列前茅。

大一的假期，钱俊冬都不在西安，而是边走边看边打工。钱不够，就买站票。寒假他在北京；暑假去了深圳，22天挣了800元，但那地儿剪发太贵，离开前他头上像顶了个"锅盖"；国庆去了重庆；元旦又在无锡……总之，什么都干，做推销、做策划，甚至无偿为大公司进行市场调查，他把点滴的心得写到日记里："进行业务谈判时，言谈举止要大方得体；管理企业时，注重培养团队精神……"在很多大学生沉溺于QQ与CS时，钱俊冬不断通过实践获取社会经验。在推销中，他提高了自身的业务能力；做策划时，创新能力得到了加强；他还曾在西安一家公司担任销售总监，管理能力也得到了锻炼。

5.2.2 观念提升

做了一年的"倒爷"，钱俊冬看到了校园市场的广大，他的经济观念迅速得到了提升。

2002年，钱俊冬受同学的邀约去了重庆大学，在他们吃饭的夜市摊位上，经营米线生意的竟然是几位重庆大学在读的研究生。出于好奇，钱俊冬问这些学长为什么会出来卖米线，几位研究生坦然地告诉钱俊冬：以后的社会竞争将非常激烈，我们都必须做好相应的准备，适应一切变化。听了这些，钱俊冬的心里燃起了一股冲动，他酝酿很久的想法开始在脑海中逐渐清晰起来。

5.2.3 初现雏形

几位研究生的话如醍醐灌顶。回到西安，钱俊冬找来同学崔蕾和马光伟一起讨论，当谈到对校园市场的开发设想时，3个人一拍即合，决定成立一个利用创业协会人力资源做校园市场的校园信息服务中心，中心定名"三人行"，以校园和学生需求为市场开展介绍家教、校园活动策划、产品展示、市场调查以及小网站建设等业务。这就是三人行传媒公司的雏形。

5.2.4 装电话机

很快，机会就来了。2002年9月，在迎接2002级新生的时候，钱俊冬敏锐地发现新生宿舍里的电话接线上都没有配电话机，很多新生打电话都要到电话亭和IC电话处。他立即召集"三人行"的成员商量给学生宿舍里装电话机，大家协商一致后，由钱俊冬和学校相关部门联系，取得学校的允许和支持。崔蕾和马光伟负责购买电话机，他们还划分了个人责任区，既分工又协作，在很短的时间内给大一所有宿舍都装上了电话机，并小赚了一笔。

他们没有被胜利冲昏头脑，接下来的几天，他们把业务扩展到了周围的几所大学，他们每人分一两所大学，找老乡，找同学，把进购的电话机销往周围的校园。结果，没几天的功夫，周围十几所大学的新生宿舍全部装上了电话，最多的一天达2 000部，最多的时候一天收入竟有5万元左右。这样，他们"三人行"里的"倒爷"们就成了同学们羡慕的小富翁。他们的业务也越来越多。

渐渐地，钱俊冬开始不满足于校园里的小打小闹，他坚信，到社会里去闯一闯也一定能赚到钱。

5.2.5 唐装

钱俊冬此后更加注意各种信息以寻找商机。一个偶然的机会，他看到电视新闻里上海APEC峰会上各国元首都穿着唐装，西安是盛唐故都，有着千年的文化积淀，今后这里毫无疑问会首先流行起唐装。钱俊冬马上召集了大家一起商议：做唐装。开始，大家都有一点担心：和社会上的人做生意，会不会受骗？但钱俊冬不这样想，他认为只要眼力准，考虑周到，就一定能赚到钱。最后，大家被说服了。

说干就干，钱俊冬马上开始带着大家走访西安大大小小的服装厂和服装批发点，以便得到更准确的市场信息。但是，经过调研后他们发现，唐装制作需要的成本和工序太过复杂，而相对来说，丝绸是唐装的唯一材料，它的来源一定会因为唐装的流行出现"洛阳纸贵"的现象。考虑成熟后，钱俊冬用手里的存款到无锡、常州进购了一批丝绸，没想到货还在路上时，订单就已经被抢完了，这一笔他们又稳赚了近10万元。这次生意的合作者发现钱俊冬是一个很有前途的生意人，就把他介绍给几个企业老总，为钱俊冬提供了很多机会。

2003年钱俊冬的"三人行"相继与中国移动西安分公司、陕西电信合作，相继代理了移动校园卡、诺基亚手机等推广业务，并策划了"西安移动40所高校金秋校园行"活动。其中手机卡活动取得了出乎意料的成功，共计办理大户卡、校园卡等业务达13万张，直接收益接近30万元。

钱俊冬成立公司时的留影

5.2.6 成立公司

2003年8月,"三人行"总资产已超过50万元,在西安高新技术开发区的支持下,钱俊冬注册成立了陕西省第一家在校本科生全资创业公司——西安三人行信息通讯有限公司,这也成为在西安高新技术开发区管委会注册成立的第一家在校本科生全资创业公司。昔日的小"倒爷"变身同学们羡慕的小"老板",从此,开始了"三人行"公司蓬勃成长的历程。

5.2.7 发展壮大

在钱俊冬的每一本日记的扉页上都有显赫的几个大字:"没有鸟飞的天空我飞过"。成立公司以后,钱俊冬信心倍增,他决定只针对高校这个市场,提出了"迅速占领西安市校园市场,组建中国高校市场开发联盟"的目标。他认为"三人行"一定要克服游击战的缺陷,把眼光放大放远,把公司的主体化销售模式逐步办成有规模的实体,具备相应的开发能力和生产能力,创出品牌。

"那些当初看来是困境的日子,只是一些小坎,没有迈过去时它很大很可怕,可一旦迈过这道坎,它便是一生的财富。"钱俊冬说,"现在,我有了自己的公司,我要把我的公司办成一个集团公司,争取具备开发能力和生产能力,创出一个响当当的品牌。"

2005年5月,钱俊冬在考察市场后,决定进入广告行业。随后便成立了西安三人行广告传媒有限公司。就在他的广告公司成立不久,恰逢一位领导人要访问西安,因此,钱俊冬的广告公司第一次做业务就接到了一个400多万元的单子。成功的喜悦再一次激发了钱俊冬,2006年一年里,钱俊冬的广告公司共做了约1700万元的业务。

在成功打开西安的市场后，有着敏锐捕捉商机能力的钱俊冬把眼光放到了全国市场。今年初，钱俊冬在北京注册了北京橙色风暴校园传媒有限公司。

"我要把全国的高校市场都做起来，让全国的高校都有我们的足迹。"钱俊冬雄心勃勃地说："这是我下一步的目标。"

2007年，钱俊冬报名参加了央视《赢在中国》，他的参赛项目就是整合全国高校的校园资源市场和媒体开发，包括两块产品和服务：第一块就是协助企业进入校园，去推广它的品牌；第二块着重于校园媒体的开发与建设。

钱俊冬所指的校园媒体有5个产品：一是"三人行"在全国100多所高校已经拥有的2 000多个户外灯箱广告；第二个是在陕西、北京等地高校宿舍里直投的DM杂志；第三个是高校食堂的看板广告；第四个是购买的很多大学楼宇上的广告牌；第五个是自己研发的新媒体。目前，这个行业还没有出现老大，钱俊冬的梦想就是打造中国高校第一传媒。

史玉柱和马云都看好这个项目，也指出了钱俊冬自身的一些弱点，给了他一些建议。钱俊冬凭借这个项目进入了《赢在中国》的12强，这对一个刚毕业没几年的大学生来说是个了不起的成绩。最终的出局虽然让钱俊冬感到很遗憾，但也让他明白三点：一是不要轻敌；二是敢于承担责任；三是要有团队精神。

三人行传媒公司成立8年以来，先后被共青团中央、共青团陕西省委授予"青年创业就业见习基地"称号。公司以西安为管理总部，北京为全国营销策划中心，在上海、天津、重庆、成都、广州、武汉、南京、合肥、石家庄、呼和浩特、兰州、银川、杭州、厦门等地成立了25家分公司，业已形成覆盖全国的广告资源网络。钱俊冬带领着三人行，与全国900余所高校建立了战略合作关系，通过高校阅报栏广告牌、《新生手册》、《赢在校园》DM杂志、高校BBS、运动场围栏、高校餐厅桌贴广告等数万块媒体和丰富的线下营销活动，为客户打造了一个校园立体营销网，被赋予了"校园资源整合专家"的美誉。

钱俊冬带着对广告与生俱来的热情，在持续不断的学习和实践中，通过借鉴与学习国际传播行业的先进经验及其深刻的消费者洞察体系，结合中国本土市场的传播特征和独特需求，怀着对客户的敬意，设定高标准，追求完美品质，工作中始终关注细节。凭借杰出的策划实力，优秀的设计创意能力，到位的活动执行力，为客户量身定制最合适的整合传播解决方案，从而帮助客户一步一步地取得竞争优势和商业成功。在他的带领下，三人行公司已经成为一家集企业形象整合传播、校园媒体运营、营销策划执行、产品市场推广、广告创意设计、公关活动策划、户外广告发布于一体的综合性传媒公司，为国内众多大型客户提供了长期优质的服务。

目前，"三人行"传媒的业务涉足户外媒体发布、校园DM、校园活动策划及推广、平面设计、展览装饰工程、专业彩色印刷、写真制作等领域，在全国众多知名高校建立了广阔的校园传媒网络，拥有近百名员工和200多名全国高校兼职大学生。在钱俊冬的带领下，"三人行"在打造中国高校第一传媒的道路上愈行愈远。到2013年，三人行公司的年营业额已经增长到了1.5亿元，并以50%以上的年增长率持续发展。今天的三人行公司,已经成为真正意义上的集团化企业,钱俊冬的创业梦,正在稳健而蓬勃地实现着。

而作为当代大学生自主创业的榜样,钱俊冬的创业事迹先后被中央电视台、《人民日报》、《中国青年报》、《陕西日报》、中央电视台、陕西电视台、安徽电视台、新浪网、搜狐网等多家中央及地方媒体相继报道。先后荣获"陕西省十大杰出青年"、"陕西省青年突击手"、"西安市创业形象大使"、西安高新区"十大创业者"、中国光华科技基金会"YESplan青年创业导师"等称号。

5.3 创业启示

钱俊冬为自己也为"三人行"的创业团队总结了几种精神:首先要有虚心精神、学习精神、忧患意识。他说:"千万不要以为'三人行'现在做得不错,就自满了,目前的商业社会中'三人行'处于一种渺小的状态。"他希望所有的成员都要有一颗上进之心,没有这种很难取得卓越成绩。其次,要有狼性精神。一个队伍要干一番事业,一定会遇到极大的阻力和困难。在功不成名不就的情况下,对自己、对团队狠一些,不要说辛苦,不要说困难,一定要像狼一样地团结,才能最终战胜困难。还有就是职业化精神。钱俊冬认为职业化就是少一些狭隘的个人意识,具体到工作中就是多一些数字和客观,少一些形容词和借口。

5.3.1 回顾过去——摘自钱俊冬博客

从2007年的《赢在中国》之后,我的创业开始变成我们的创业。公司先后来了一批志同道合的同仁加盟,尽管这期间有很多一起奋斗的同志离开了这个创业的团队。

2007年的创业之路变得很不顺利,我清晰地记得那个时候,由于过度强调"圈地"和扩张,公司内部的资金非常紧缺,那一年显得非常不易,过得很艰难。年底,公司的工资和所谓的年终奖都是借钱发的。让我知道和深深感受到了创业的艰难、痛苦。

2008年的创业,我变得老实和小心。我们开发了美丽的草原——呼和浩特市场,在经过小心翼翼的探索和兢兢业业的创业之后,我们终于在西安、北京、上海、南京、合肥、呼和浩特站稳了脚跟,公司内部的管理得到提升,在各地也慢慢得到客户的认可。这个时候,我们更多的烦恼是如何给客户提供更高水平的服务。

2009年,我们先后在武汉、成都、广州成立了办事处,获得了诸多客户的认可,除了原先老客户——运营商的支持外,我们还获得了2011西安世界园艺博览会、蒙牛、华为等客户的认可,公司的发展变得较为快速一点。这个时候,自己也有幸去参加了中欧国际商学院EMBA的学习,这个课程对我来说,非常实用。我学到了很多知识:波特五力模型、财务报表分行、组织行为学、战略管理,等等。每月一次的4天课程,对于思考和反省自己的创业是那么重要、那么享受。

2010年已经过半,我们继续开拓了天津、哈尔滨、厦门、重庆、昆明5个市场,校园媒体的建设步伐不断提速，越来越多的地方和市场等待去开拓。心里面唯一没有变化就是对事业的热爱和激情。我们的管理和制度显得尤为重要，目前，人才是公司最大的问题，如何找到合适的人才是我们三人行发展的关键。

其实，人才没有什么好不好的，中用不中用的，关键是合适。回归到现实，也就是公司是不是提供了一个好的环境、好的氛围、好的机制，显然，这些三人行做得远远不够，作为公司的最高管理者，我知道自己有责任带领大家提高这些指标，营造适合人才在这里共同干事业的环境。

作为一个创业者，我感觉到最大的挑战就是不断学习、不断否定自己。其实一个组织也是这样，我们必须建立学习型的组织和团队，每一个人都要看到发展过程中的变革，需要改变自己的不足之处。

近三年，我的很多感受还是没有变化：在创业的大道上，还是要脚踏实地，如临深渊、如履薄冰、战战兢兢，还是要坚持、乐观，对自己所要创业的方向还是要一如既往地充满激情、充满梦想。

第6章

三国杀——国内桌游的先驱

6.1 引言

他爱玩儿游戏,却更爱设计游戏。

他大学还没毕业,就开始了创业。

他未满30,就闯进了《福布斯》"中国30位30岁以下创业者"榜单。

他设计的桌面游戏《三国杀》,帮他在淘宝上赚到了人生第一桶金。

他的游戏受到无数人的追捧,而他的创业故事比游戏还精彩。很多人都会感到好奇,为什么他能够在"玩儿"中实现自己的创业梦,为什么他能够玩儿出千万财富,为什么一叠精美的纸牌就帮他杀出了一片财富天地?

在游戏设计方面,他绝非具备天赋。在创业资本积累方面,他绝没有父母的资助。在创造财富的路途中,他的坚持和勇于打破传统帮他打下自己的"游戏"帝国,他也成了赫赫有名的"《三国杀》之父"。

什么是桌游?通俗地讲就是桌上游戏、桌面游戏,包括棋牌类、益智游戏、沙盘推演的战棋,等等。桌面游戏这个称呼源于英文 Board Game,这一类型游戏多设定为2~5个人进行。桌面游戏说简单也简单,说复杂也复杂,简单之处在于游戏配件、所用工具比较简便,复杂之处在于需要人与人之间的配合和付出脑力,尤其是在策略的运用上,对玩家要求很高,玩家需要通过合理地利用规则,相互协作,最终成为赢家。

国外桌游历史悠久,是与电子游戏同时发展起来的,并且多是以家庭为单位的。看过美剧《生活大爆炸》的人一定会发现,国外玩家很喜欢在家里玩桌游,并且桌游种类千变万化,桌游已经深刻地嵌入现代文化中。可以说,外国桌游发展得已经相当成熟。

谈及桌游发展历史，恐怕要追溯到古埃及，考古学家曾在埃及法老 MERKNERA 的古墓中发现了名为"SENET"的一种游戏，这种游戏也被公认为最古老的桌面游戏。到了 20 世纪初期，西方国家中的中产阶级形成，他们具备接受桌游的所有条件，自然就成为这一时期的主要玩家。尤其是在"二战"后，各国时局趋于稳定，人们在一时之间又无法磨灭内心对战争和竞争带来的刺激的渴望，此时，大量桌游应运而生，这一时期大量以战争为主题的游戏成就了桌上游戏的黄金时代。如今，我们提到的桌游，受到了多数年轻人的追捧，尤其是在国外。随着电脑游戏的兴起和发展，桌游曾经陷入过一个低潮期。

桌面游戏想要发展，必须要适应各类玩家。到现在，桌面游戏和电脑游戏进入了一个互相渗透的阶段。在国外大量的桌游开始移植到电脑平台上，借助电脑继续影响人们的生活，如《卡坦岛》《圣彼得堡》等。随着电脑互联网的发展，在欧美地区桌上游戏更是风靡所有社交场所，大家以游戏会友、交友。桌游不仅受到年轻人的喜爱，也受到其他年龄段人群的追捧。

在国外，桌面游戏已经如同书籍一样出版发行，内容包括战争、历史、艺术、城市建设、贸易、文化等多个方面。在漫长的发展时期中，业内将桌游归纳为两大系列："德式桌面游戏"和"美式桌面游戏"。外国桌游跟随时代的发展进行自我优化，桌游除了具备娱乐的功能，在很多时候还具备放松身心、开发智力等功能。很多外国桌游也被引入国内，势必会对中国的年轻人造成影响，引发国内桌游的大发展和新突破。

黄恺，就是受到国外桌游影响的年轻人之一。

图 6-1　黄恺与三国杀

6.2　三国杀和北京游卡公司创始人

黄恺，1986 年 8 月 4 日出生于福建省福清市，父母均是卫生学校的老师。2008 年毕业于中国传媒大学动画学院游戏设计专业。他是桌面游戏《三国杀》的创始人，目前担任游卡桌游总设计师一职。早于 2006 年 10 月首次在淘宝网上卖三国杀，于 2008 年 1 月正式发行。

与许多"80后"男生一样，谈起小时候玩过的游戏，黄恺如数家珍。但与同龄人不同的是，黄恺从小就不满足于遵循游戏的既有规则，而是对游戏进行改造，想方设法地在游戏中展现自己的想法，使其更具可玩性。小学四五年级时，他便自己手工绘制角色小纸牌，让周围的同学一起参与到游戏中。他说自己从小就不喜欢被动："玩游戏如果只是跟着它的设定去玩，那会觉得很被动，我不喜欢那种感觉，所以会去自己设计。"

2004年，黄恺参加高考。父母一度想让他去学医，但他的眼里只有画画和游戏。最终，他考取了中国传媒大学动画学院游戏设计专业。

大一时，黄恺接触了在国外已经有五六十年发展历史的桌游，加上当时国内非常流行"杀人游戏"，他就有了自己的想法：设计一款"不插电"的游戏，让人面对面交流，而不是像电子游戏一样紧握鼠标、盯着屏幕。2006年夏天的一天，黄恺跟朋友去北京一家老外开的"桌游吧"玩"杀人游戏"，这个经典桌游当时刚刚在国内兴起。黄恺玩得津津有味并深受启发，他想借鉴类似原理亲手编个游戏出来，创作冲动强烈。于是黄恺花了一个晚上的时间，借用一款名叫"三国无双"的日本游戏的图片，用电脑重新制作，并根据三国人物的性格，制定了游戏的规则。第二天他拿到打印店打印出来，这就是"三国杀"卡牌最初的"胚子"。在以后的3年多时间里，从重新设计图画到修订游戏规则，这套卡牌被不停地改版。

至于怎样"灵光一现"、产生用三国人物作为游戏人物的念头，黄恺自己都很难说清楚，因为灵感总是很难琢磨的。不过，从小就喜欢三国故事，熟读《三国演义》《三国志》的他，明白三国故事肯定是游戏的好题材。

2008年1月，即将毕业的黄恺和朋友杜彬一起成立了全国首家桌游公司游卡桌游，并担任首席设计师。这家创立时只有3个人、5万元的公司，在3年后发展到了上百人、数千万元的规模。黄恺当初上课走神儿设计的三国杀，仅2010年一年内就卖出200多万套。

2013年2月28日，《福布斯》中文版首度推出"中美30位30岁以下创业者"名单，他以《三国杀》游戏创始人身份名列中国榜。

6.3 创业历程

6.3.1 想法初生（2004年以前）

黄恺从小兴趣广泛，在众多爱好中，有一项特别另类——编游戏给伙伴玩。早在念小学时，黄恺就成了玩伴中的"怪人"，他喜欢组织一群小朋友玩游戏，但多数情况下，他并不亲自参与，而只是站在一旁看朋友们怎么玩。他在旁观时总是琢磨这么一些问题：大家为什么爱玩这个游戏？游戏规则哪里吸引人？有没有改进的余地？玩伴们玩的游戏中，有不少是黄恺原创的。他会手绘一张区域性地图，给地图上的每个国家分配同等"兵力"，通过掷骰子相互"交战"，决出胜负。他儿时就对三国题材有着浓厚的兴趣，编制三国互抢城池的游戏，供玩伴们玩。

初三时，其他孩子都在认真学习，想着怎样才能考上一个好高中，黄恺却迷上了漫画《游戏王》。这是由一款风靡日本的卡片游戏所改编的，这则漫画让黄恺内心深受触动，也让他萌发了一种冲动。他仿照《游戏王》一口气画出了一千多张卡片。虽然那些卡片没什么技术含量，也不需要绘画功底，但是能够看到黄恺的耐心和毅力。

或许是将精力投入游戏中过多的缘故，黄恺的学习成绩很不稳定，甚至，在上课期间很容易走神儿，他也认为自己是一个"喜欢走神儿的人"，而伴随着走神儿，黄恺会习惯性在纸上涂涂画画，也许正是他无意间的涂涂画画，让父母发现了他绘画的潜质。

黄恺一辈子都不会忘记，初三下半学期，班主任叫他妈妈去参加过一场特殊的家长会，人称"坏孩子家长会"。这对身为教师的妈妈来说，无疑是奇耻大辱。黄恺也知耻而后勇，从此发奋学习，成绩排名一跃迈入年级前列，并保持稳定，从此没再回归"坏孩子"行列。

黄恺意识到自己需要考上好的高中，这是挑战，也带给他动力。认真起来的黄恺很快挖掘出自己的潜能，学习成绩也从全班的三四十名升到了班里的前五名。客观上，这保住了他日后考取游戏专业并以此为业的梦想。

黄恺曾经说过："凡事如果没有挑战的目标，就没有动力。"实际上，这也是他对待游戏的态度。或许也正是如此，他对待游戏的心态从来都不是单纯的"玩乐"。"我跟一般玩家不同，我不是用玩的心态在玩游戏，而是想把它做起来。所以，我做游戏的时间比自己玩游戏的时间多得多。"黄恺说道。

初中三年，让黄恺成为地地道道的"三国迷"，凡是和三国题材有关的游戏，他都喜欢。比如，当时盛行的《三国志》《三国志大战》《真三国无双》。或许正是中学时期的这些游戏经历，让他更加喜欢桌游，也对桌游产生了情感。桌游似乎已经成为他生活的一部分，这一部分如若缺失，必然会失去很多乐趣。

2004年，经历了紧张的高三生活，黄恺要参加高考了。父母一度想让他去学医，但他明白，自己喜欢的只有画画和游戏。最终，他如愿以偿地考取了中国传媒大学动画学院游戏设计专业。上了大学之后，课余时间相对多了起来，对于爱好桌游的黄恺来讲，这无疑是一件好事，这意味着他能够有时间去玩儿自己喜欢的游戏了。

6.3.2 借鉴传统、突破传统（2004—2006年10月）

大一的时候，黄恺有时间就会去外国朋友的桌游吧玩游戏。在那里，他不仅认识了很多外国朋友，也接触到了在国外已经有五六十年发展历史的桌游。加上当时国内玩家喜欢玩"杀人游戏"，黄恺就想，如果能够设计一款"不插电"的游戏该有多好，那样就能够让人面对面进行交流，而不是像电子游戏那样要玩家们紧握鼠标、盯着屏幕。

时间过得很快，黄恺已经是大二的学生了。这天，他和往常一样，下课后来到朋友的桌游吧。进入桌游吧之后，他和朋友打完招呼，便询问朋友有没有好玩儿的游戏，朋友给他推荐了一款名为《Bang!》的桌游，这款游戏对黄恺的可谓是有着巨大的影响。

《Bang!》是一款比较流行的意大利桌游，其以西部牛仔枪战为背景，游戏人物设定为警长、副警长、歹徒和叛徒4种身份，还有神枪手、赌徒等多个配角。道具主要是枪支、啤酒、野马等。游戏规则是歹徒除掉了警长，副警长消灭歹徒和叛徒，叛徒需要想办法活到最后。

在玩了这款桌游之后，黄恺被迷住了，他对外国朋友说："这个游戏太棒了。"

发现了一款很棒的桌游，这让黄恺感到无比兴奋。回到宿舍之后，他开始琢磨起来：虽然这款桌游的机制很棒，但是游戏背景和角色安排却让黄恺感到有些陌生。如果能够将这款桌游做成一个贴近中国玩家的游戏，那就再好不过了。黄恺的想法在大脑中一闪而过，内心也同时跟着产生疑问：为什么不能将游戏中的角色进行替换，将游戏背景进行重新安排呢？

一个人要想成功，只拥有思想还不够，关键是能否将思想转化为行动。

黄恺认为《Bang!》这款游戏的角色安排和游戏背景不符合中国人的游戏观念和习惯。那么，怎样才能变"不符合"为"符合"？那就要下一番苦功夫了。

古语有云："穷则变，变则通，通则久远。"可见，懂得变通和改变是多么的重要。无论是古人也好，还是现代的名人也罢，他们之所以能够成功或者是打拼出自己的事业，恐怕都离不开思维变通和思想创新。已经进入大学校园的黄恺自然明白"变通"的内涵，那么，他究竟是如何来做到"通则久远"的呢？

黄恺发现《Bang!》的游戏背景是西部牛仔枪战，中国人对西部牛仔文化了解得不够深刻，于是，他就开始尝试调换背景，比如，设置为自己身边的场景，设置为学校的人和事儿。突然有一天，他想起来了自己曾经玩儿过的游戏《三国大战》，发现游戏中的角色都是三国人物，要知道中国人了解三国的故事要比西部牛仔多得多。无疑，三国的故事在中国这片喜欢观古论今的大地上，具有深远的影响。黄恺心想，如果将游戏背景设置为三国故事，自然会赢得更多玩家的喜爱，这绝对是改编游戏的绝佳题材。

在游戏《Bang!》中，游戏角色主要为警长、副警长、歹徒和叛徒4种身份，随着黄恺对游戏背景的改变，自然游戏角色也要跟着改变。在初期，他将游戏背景设定在校园内的时候，身边的同学和老师便成为他游戏中的角色。当其决定以三国故事为背景，进行游戏改编时，三国中的主要人物自然成为游戏中的角色，而黄恺手绘出的第一个角色便是刘备，这成为黄恺投身游戏设计的第一步。

灵感的出现总是让人兴奋，黄恺花了一个晚上的时间来设计游戏，并且还借用了一款名叫"三国无双"的日本游戏的图片，借助电脑对其进行制作。既然采用三国故事为游戏背景，自然就要对三国中人物的性格有所了解，他根据人物性格制定了游戏的规则。

一晚上没合眼的黄恺依然精力充沛，他内心充满了兴奋，早已忘记了困意。第二天早上，他拿着自己的劳动成果到打印店进行打印，这就是"三国杀"卡牌最初的"胚子"。在之后的3年多时间里，从重新设计图画到修订游戏规则，黄恺对这套卡牌不停地进行改版。在改版的过程中，黄恺对游戏设计的思想也逐渐成熟，他相信自己的这款游戏一定会受到玩家的喜爱。"我想象中的刘备，是一个不太爱说话但是很厉害的人物，他有点酷酷的，头发很长，还有一点小胡子。"黄恺在一次接受采访时说道，"开始的时候，我想画成现代版或者架空世界的感觉，给每一个三国人物赋予全新的设计，有的人穿西装，有的人穿T恤，你又可以看出是三国里的人。"

当然，今天我们看到的《三国杀》中的人物并非如此，因为黄恺意识到这种天马行空的创作方法是不易实现的，即便充满新意，但是却很难进行创作。黄恺很快就放弃了现代版的人物创作方案，而是改为将选出的武将直接与日本游戏《真三国无双》的插画进行搭配。

就在努力创作3个星期之后，黄恺终于完成了游戏的第一个成型版本——无双版。究竟要为游戏取什么名字呢？黄恺心想自己的灵感来自三国的故事，角色大多也是借鉴三国中的人物，再加上当时的玩家都喜欢玩儿杀人游戏，黄恺便将游戏命名为《三国杀》。

从游戏的命名上就能看出黄恺不仅借鉴了传统，更是突破传统。当玩家真正开始在游戏中拼杀的时候，或许会更加深刻地体会到黄恺的用心。

无双版的《三国杀》与意大利的游戏《Bang!》是极为相似的。比如，玩家依然在游戏中充当4种身份——主公、忠臣、反贼和内奸。从这一点上来讲，黄恺正是借鉴了玩家传统的游戏喜好，即4个人一起玩儿游戏的习惯。

无双版的《三国杀》人物角色被三国名将替代，比如，选用了张飞、关羽等三国故事中人人皆知的名将，这种设置会让玩家更加熟悉角色背景，同时也能够吸引玩家的游戏心理，从这一点来讲，黄恺在设计游戏时可谓是做到了借鉴传统。当然，黄恺还参考了《Bang!》的角色设置，他为《三国杀》中的每个角色设定了独特的技能，如《Bang!》里面的"比利小子"可以在一轮游戏里出无限次"Bang!"，而在黄恺的《三国杀》里的张飞，也能在一轮游戏中不限数量地"杀"，这可谓是突破传统的体现。

当同学们知道黄恺设计出了一套好玩儿的游戏时，便成了他第一批玩家。2006年，《三国杀》开始在清华、北大等大学中流传，一时之间成为学生们的最爱。

6.3.3 三国杀初次经受市场考验，相遇另一个合伙人杜彬（2006年10月—2008年1月）

好东西，要分享。同样，好东西也要经得住市场的考验和检验。

2006年10月，黄恺在淘宝上开了一个网店，专门来卖三国杀卡牌。开始的时候，黄恺只是想赚点零用钱，这个网店也成了卡牌的主要销售渠道。

图6-2 三国杀

在黄恺的游戏中，张飞刺杀刘备，诸葛亮大战司马懿，关羽保护孙权，似乎都可能出现在游戏中，这就让游戏充满了各种可能性。相比那些引进的外国游戏，《三国杀》更具备中国文化色彩，更容易被玩家熟悉，更具有趣味性。依靠校园里的口口相传，这款桌游卡牌以病毒蔓延式的速度开始在校园内扩展开来。不过，黄恺并没有把卖卡牌当一项大生意来做，直到遇到杜彬。当时，在清华计算机系读博的杜彬看到自己的同班同学和身边的朋友都在玩儿《三国杀》，便很是好奇。后来又从一个瑞典朋友那里了解到桌面游戏在国外发展得已经相当流行。当时中国的桌游还停留在飞行棋、斗地主的阶段，根本没有多少人接触过有如此多故事情节、多角色扮演的桌游。杜彬意识到这款《三国杀》必定会受到人们的追捧。

杜彬也开始玩儿三国杀桌游，玩儿了一段时间后，无意间从朋友那里了解到这款游戏的设计者是中国传媒大学的学生黄恺，于是，便主动找到了黄恺，说了自己对游戏的一些建议，黄恺也意识到无双版的《三国杀》还存在很多不足之处。

一件商品要想得到市场的认可，必须要符合人们的需求，桌游也是如此。黄恺意识到如果自己的产品要想得到推广，必须要经受市场的考验，并进行相应的改进。提到改进的主要方向，自然是如何来摆脱《Bang!》以出牌策略为核心的游戏架构。就这一个问题，黄恺和杜彬开始借鉴多个游戏元素，如《魔兽世界》、杀人游戏等，他们将游戏重心移到游戏角色身上，而不是出牌者本身。

在游戏的改进过程中，黄恺和杜彬将游戏中原有的40个武将减少到25人，再根据各种和三国有关的故事书籍对游戏中武将的性格特点进行分析归纳，最终，结合游戏的规则和机制，完善武将的技能。比如，他们对游戏中张飞出杀的技能叫作"咆哮"；对孙尚香的技能叫作"联姻"。这些叫法都能看出游戏中人物角色的性格特点来。当然，黄恺很清楚对游戏中人物技能设计的原则是"容易被记住"，即在玩家心中留下深刻的印象。

众所周知，三国中人物性格都很复杂，就拿关羽来讲，有骄傲的一面，也有勇猛仁义的一面，这就要求黄恺能对人物性格和技能进行准确的把握。为了能够让《三国杀》更被玩家喜爱，黄恺还增加了两张起抵消作用的功能牌，即"无懈可击"和"借刀杀人"。与《Bang!》中简单的人物形象相比，《三国杀》中的画风更是受到玩家的喜爱。其画风正好适应了人们喜爱的日式漫画风格，满足了玩家的心理需求。对无双版《三国杀》的改进，让黄恺对自己设计的这款游戏更是充满了信心。杜彬在认为这款游戏一定会在中国市场上掀起波澜。

"最开始的两个月只卖出去一两套，但是第二个季度就能达到十几、二十套。那段时间的发展速度是比较惊人的。"黄恺在后来接受采访时回忆道。

黄恺也没有想到自己的桌游销量上涨速度会如此快，可是他意识到会有越来越多的人喜欢自己设计的这款产品。2008年1月，《三国杀》经过改进的"推广版"正式上市，首印为5 000套，每套零售价是64元，最初的1 000套带编号的限量版在很短的时间内就销售一空，剩下的也在不到半年的时间里售罄。这么惊人的销售速度，让黄恺自己都感到惊讶。

黄恺意识到在中国做桌游有着广阔的发展前景，因为投入的资本并不多，所以即便是失败了，也不会赔多少钱。这种冒险精神，注定了他会自己创业。

6.3.4　成立新公司面临新挑战（2008年1月—2009年）

2008年1月份，北京游卡桌游文化发展有限公司成立。成立之初，启动资金只有5万元，公司人员也就有3人：其中杜彬任CEO，黄恺是首席设计师。3个人的公司也是公司，既然是公司，那么就有很多事情要做，当时，他们3个人根本没有明显的分工，只要能做的都会去做，目的就是将公司做起来。

新公司的第一次产品推广活动是在北大校园里进行的。2008年2月，黄恺和自己公司的成员在北大卖了3天《三国杀》卡牌，令他们出乎意料的是，3天竟然卖出了130多副。黄恺发现来买《三国杀》卡牌的顾客多半是之前同学带着玩过的人，也有一些女孩买来当礼物送给男朋友。这次校园销售，给了黄恺继续奋斗下去的信心。《三国杀》作为一款社交性和娱乐性并重的桌面游戏，自然会吸引很多人的喜爱，在游戏的过程中，可以实现社交与传播的目的。除此之外，黄恺意识到，很多高校学生和年轻白领都会定期组织《三国杀》的游戏比赛，因为这些人都具备一定的争强好胜之心和好奇心，这就为《三国杀》在北京迅速风行奠定了基础。

随着公司的成立，加入公司的人就越来越多。所谓人多事儿多，人多的地方就是江湖。黄恺发现这个时候出现了一个问题：自己作为公司的设计师，难免会对游戏有各种各样的想法。因此，自己就会经常因为概念或者意见不同和公司成员们发生争执。

就如同黄恺自己所讲的，由于桌游在中国算是一种新事物，很多人对此了解不深，所发表的观点自然也就没有说服力。因此，从讨论到针锋相对，再到唇枪舌剑，最后很可能还会在工作中闹一些小情绪，这些都是常有的事情。黄恺明白，无论怎样的争论，都是为了工作，因此他多半会做出让步，这种让步也确实很有必要。这种争论绝非是针对个人，而是针对工作。所以，成员之间的关系并不会受到太大的影响。

公司成立之初，无论是对人员管理还是制度制定，黄恺都属于新手，在这些方面杜彬的经验也不算丰富，因此，这无疑是他们在起步阶段遇到的困难之一。

黄恺在后来接受采访时说道："关于我们创业的故事，后半段都还好，最开始纠结的点在于要不要来做这个行业，毕竟我们是以开拓者的身份在做一个从来没有人涉足的领域。以公司化形态运作后各种麻烦接踵而至，我们都是新人，关于这个产业、宣传推广、市场公关都是一家家去跑，开发部门也是，每个人都要做很多份工作。氛围倒是其乐融融，大家也乐在其中，那是最有创业感觉的时候。"除了公司管理方面的困境之外，产品推广无疑成为黄恺遇到的最大的困难。由于当时没有太多的资金，他们只能寄希望于玩家的口口相传来进行宣传和销售，而低价格则是促进销售的好办法。因此，黄恺和公司成员决定将原本64元一套的销售价格，降为不到30元。他们希望通过降价来赢得客户的关注，从而提高销量，进行产品推广和传播。

随后，为了加大产品推广力度，黄恺和员工还尝试到一些公司向那些员工做现场推广，推广的方式就是教大家如何玩儿这个游戏，然后再发一些调查问卷。比如，在悠视网推广后，有3个人当场购买了三国杀卡牌，从发放的100份调查问卷里，发现有6个人表示有购买意愿。黄恺和自己的团队就是这样一个个地积累玩家，这种方式需要花费太多的人力物力，见效也是很慢的。当时的艰辛，恐怕只有黄恺和他的伙伴们知晓。

产品要想占领市场，就需要大范围推广，让更多的人知道自己的产品和喜欢自己的游戏，而要做产品推广，就需要资金。而此时的黄恺发现，公司根本没有那么多钱用来做广告、做宣传，只能等待好的时机和凭借玩家的口口相传进行传播了。

经过一年多的发展，黄恺对桌游更加熟悉。到2009年7月底，在中国国际数码互动娱乐展览会上，黄恺将游卡桌游推向了上海，直至全国。在短短3天的展览时间，其投入不过5万元，《三国杀》的销量却迎来了爆炸式的猛涨：3天时间共销售出40余万套，销售额超过1 000万元。而在欧美地区，一款桌游产品成功的标准，不过是销售2 000套。

公司成立3年后，就已经发展到了上百人数千万元的规模。黄恺设计的桌游，仅2010年一年内就卖出200多万套。黄恺意识到越来越多的玩家喜欢《三国杀》，也正是因为如此，自己设计的这款游戏才能销售得如此迅速，呈现出"病毒式"的传播方式。

6.3.5　遇见伯乐，品尝丰收的喜悦（2008年7月至今）

机会是留给有准备的人的。黄恺和杜彬看到了推广的机会，那就是在2008年7月份在上海举行的中国动漫产业博览会，他们想参加这次博览会的人肯定来自不同国家，这对游戏宣传无疑是一次好机会。在博览会现场，他们免费发放了几百套卡牌。而如今，上海已经成为《三国杀》卡牌卖得最好的地方之一，也是桌游吧最多的城市。

通过这次宣传，渐渐地开始有人找到黄恺和杜彬，希望能够代理卡牌的销售，这些人多半都是《三国杀》的爱好者。同时随着桌游吧的出现，让《三国杀》多了一条推广途径。很多人喜欢在桌游吧里举行比赛，这样做不仅能够推广游戏，更能让玩家在玩儿的同时结交更多的朋友。

随着宣传力度的加大和途径的增多，越来越多的人开始玩《三国杀》，对于黄恺和他的伙伴来讲，这无疑是一种成功。到了2009年年底，《三国杀》在上海的市场规模甚至超过了北京。在2009年，《三国杀》的销量飞速增长，销售额也在不断翻新。

越来越多的人开始玩《三国杀》，其火爆程度不得不让黄恺产生另一个念头：将棋牌游戏做得更大，开发网络版的《三国杀》。处在互联网不断发达的社会中，互联网交互游戏盛行，因此，黄恺和伙伴们希望能够通过和网游公司的合作，在网络上更大程度地将《三国杀》进行传播和推广。可是，寻找到愿意合作的网游公司并非是一件容易的事情，因为网游大佬们仅仅将《三国杀》看作是一个网游产品，再加上《三国杀》情节复杂，所以他们不愿意对这个上手如此艰难的网游进行投资，更不看好网络版《三国杀》的未来市场。

进入2009年之后，尽管《三国杀》的玩家越来越多，但是要和网游公司合作，开发网络版的《三国杀》却并不顺利。正在黄恺一筹莫展之际，伙伴杜彬接到了一个电话，对方说得很简单："我们想投资你们，你们有什么要求？"原来是盛大公司的一个"18基金"的经理打来的电话。当天，黄恺和杜彬一共接到了3位"18基金"经理的电话，他们意识到：伯乐就要到来了！

就这样盛大和游卡展开了合作。在2009年6月份和2010年年初，盛大先后两次向游卡注入了超过2 000万元的投资，盛大如愿以偿地得到了游卡桌游的控股地位，而游卡也得到了公司发展的资金。渐渐地，《三国杀Online版》成为两家公司进行研发的重要项目。得到了盛大的资金支持，黄恺和他的团队便如虎添翼，向着更高的阶段进发。后来，《三国杀Online版》的网游终于上线，玩家们可以在网络上尽情拼杀。这次成功，不仅为游卡赚足了资本，也扩大了其在桌游行业的影响力。

黄恺和其团队的研发速度也是惊人的，2010年5月14日《三国杀——初出茅庐版》上市；2010年5月25日《三国杀——神话再临典藏版》上市；2010年7月26日《三国杀》武将扩充《神话再临——林》上市；2010年9月29日《Q版三国杀》武将扩充《Q版神话再临——风》上市。游卡桌游已经在市场上占据了重要地位，如今，黄恺凭借着《三国杀》已经"杀"进了"福布斯"排行榜。

6.4 创业启示录

6.4.1 启示录：成功就需要打破传统

爱因斯坦说过："若无某种大胆放肆的猜想，一般是不可能有知识的进展的。"对于黄恺来讲，这种猜想或许就是如何来打破传统，按照自己的新思想来设计出自己想象中和期望中的桌游。

或许很多年轻人对黄恺的成功会投去羡慕的目光，可是回头来讲，黄恺为什么能够成功呢？他为何能够在桌游的行业中崭露头角呢？

不难看出，黄恺是一个有思想的人，从他成长的经历就能看出，他从小喜欢玩儿游戏，喜欢主动地去制定规则而不是被动地去按照规则进行游戏，从这一点上就能够看出其具有一定的思想积极性。思想积极性的存在，才能够实现思想创新。

在黄恺成长的年代，中国桌面游戏的种类还相当有限，当时他就幻想着如果桌游能够"不插电"那该有多好。当这一个念头萌生，就为其后来实现理想奠定了基础。黄恺上了大学后，想要按照自己的思维来制作出一款新的游戏时，他选择以三国故事为游戏背景，这属于借鉴传统，可是，当他赋予了游戏角色新的"技能"，就是打破传统了，或许正是他大胆地打破传统的做法，让他实现了成功。

不仅如此，对于很多人来讲，如果《三国杀》的销量已经很好，恐怕就不会想要在网络上进行产品研发和扩展，黄恺和其他的桌游同行不同，他的目光比较长远，明白产品要想在市场上占有一席之地，就必须要不断地进行创新，不断地进行研发。当然，他也是这么做的。

对于"80后"来讲，要想获得成功，就要敢于创新，打破传统思想的束缚，当然要做到这一点并非那么容易。

对敢于创新的人来讲，他的定位一定要着眼长远。我相信，如果黄恺在当初设计游戏时，如果定位只是自己身边的朋友，那么他完全可以选择以校园为游戏背景，以同学和老师为游戏中的角色，根本没必要将复杂的三国故事和三国人物当作游戏的主体。可见，要想突破传统思想，必须要定位长远。

所谓打破传统，自然也不是随意而为之，也是需要讲究方法的。如果黄恺在设计《三国杀》时，只是一味地追求新奇，不顾及三国人物特有的性格特点，那么其制作出来的游戏，恐怕也是很难得到玩家认可的。可见，打破传统也是需要有度的。

作为年轻人，我们应该具备像黄恺一样的创新精神。因为任何一个人的成功，都离不开思维的创新。黄恺的创业成功，让我们看到，借鉴传统并敢于打破传统的重要性和必要性。无论你是在给别人打工，还是打算自己创业，都需要让自己的思维跟得上时代的步伐，要学会与时俱进，不要被迅速发展的社会抛弃，只有这样才可能实现成功。

6.4.2 创业启示录：勇气第一，创业第二

勇气第一，创业第二。塞内加曾经说过："勇气通往天堂，懦弱通往地狱。"可见，具备勇气的人才可能走向成功的天堂，勇气是实现成功的基本条件。

对于"80后"的创业者来讲，都需要先具备勇气，才可能实现创业的成功。对于一个懦弱者来讲，即便他拥有超人的智慧和能力，也是无法实现创业成功的。因为，懦弱的人是不敢承担任何风险和责任的，只有勇敢地承担责任，才能够实现创业的成功。

对于黄恺来讲，他在大学期间就开始创业，无论在同班同学眼中，还是在老师眼里，都是值得称赞的。不管其创业是否能成功，他敢于迈出创业的步伐，就证明他具备了强者所具备的勇气。

所谓"敢想敢做"就是具备了独特思想之后，要有勇气将所想的变成现实。

如果黄恺在接触到《Bang!》时，只是单纯地将游戏背景和角色进行改变作为想

法，而没有后来新的游戏设计的过程，恐怕今天我们就玩儿不到如此精彩的《三国杀》了。可见，黄恺之所以能够创业成功，最重要的原因就是勇气。

或许很多"80后"会说："我有自己的想法，但是却没有勇气去实践，因为我害怕失败。"失败，是在所难免的，如果一个人因害怕失败而不敢付出自己的勇气，那么成功从何而来呢？我想黄恺在设计《三国杀》的时候，也不一定会百分百坚信自己会成功。只有尝试了，才知道自己到底会不会成功。

那么，创业者的勇气来自哪里呢？从黄恺的创业过程中，能够发现他是一个自信的人，他相信凭借自己和团队的努力，结果一定会如自己所想的那样。对于一个自卑的人来讲，他不相信自己的能力，自然就没有支持自己将想法付诸实现的动力了。当然，一部分勇气来自别人的支持与帮助。黄恺曾经说过自己最大的客户就是遇到了杜彬，在黄恺实现成功的道路上，不难发现杜彬对其帮助最大。为什么杜彬愿意与黄恺合作呢？因为他赞同黄恺的游戏理念，赞同黄恺的游戏设计，而这种赞同在一定程度上给了黄恺创业的勇气。最后，勇气来源于理想。对于一个有理想的人来讲，他自然会有勇气去拼搏，去战胜困难。如果一个人没有了目标和理想，他自然不知道自己下一步该怎么走，自己的未来在何处。黄恺很清楚自己的目标是什么，所以在他做出每一个决定的时候，都显得那么信心十足，充满勇气和魄力。

俗话说得好，"不想当将军的士兵不是好士兵"。对于年轻人来讲，没人不想自己当老板。可是，老板可不是那么容易当的。年轻人要想当老板，就要有承担责任的勇气，如果没有勇气，恐怕是无法实现自己的理想的。

第 7 章

校联购&校联帮——坚持者的梦想

校联购作为一个面向大学生的校园生活 O2O 服务平台，联合了北京多所高校，覆盖北京林业大学、中国农业大学、中国矿业大学等 30 余所高校，20 多万名会员和 300 多个合作商家。

这个在短短 4 年中快速发展、由在校大学生创办的公司，实现了一个又一个 "神话"。比如，2014 年 9 月，乐邦乐成（创投孵化机构）领投、中关村天使成长营一期基金（天使共赢基金）基石合伙人丁华民跟投，完成了对校联购百万级别的天使投资。

在校联购的成长中，每个参与人都挥洒了太多汗水，隐忍了太多辛酸。但是，他们是快乐的，因为他们是在为自己的梦想而奋斗。

7.1 校联购 CEO 兼创始人

刘泽碧是校联购创始人，出生于福建。大学之前，刘泽碧并没有想过创业，他的理想是去政府工作。所以，他高中三年十分努力地学习，但有时命运就是这样多变，他高考失利了，不得不再复读一年。就如大家熟知的创业者马云一样，每个创业者都会经历众多曲折才能走向成功。也正是在复读的这一年，使刘泽碧明白了去政府工作不是那么简单的事情，再加上他的家里都是生意人的这种环境，一颗要干一番事业的种子播撒在他的心中，并准备破土发芽，甚至成为参天大树。所以，在第二年高考填报志愿时，刘泽碧坚定地来了北京，坚定地选择了营销专业。他认为市场营销是一个高大上的专业，可以学到很多东西，可以对创业梦助一臂之力。但是直到真正进入大学课堂，刘泽碧才觉得课堂上的内容并不是那么合自己的口味，老师讲的理论很受用，但是理论是需要和实际相结合的。尤其是对于营销专业的学生，如果只是停留于课堂和校园，则是远远不够的。刘泽碧并没有像身边的人一样，或为社团组织奔走，或为游戏动漫废寝忘食。他开玩笑地说："我很无聊，粗俗地讲，就是闲得蛋疼。我觉得人生的光阴不能这样挥霍，觉得自己的生活太没有激情。于是，我开始寻找。"

刘泽碧

7.2　创业历程

7.2.1　接触互联网（2010年9月—2011年12月）

起初，刘泽碧倒卖茶叶、回收旧书、做兼职，努力寻求一种自我存在感，想靠自己的能力获得收入，想真正理解生活。在不断探索的道路上，他兜兜转转，经历了很多，忍受过别人的蔑视，在炎炎夏日汗如雨下过，也曾困到一挨枕头就睡着，还有过向别人推销时因滔滔不绝而口干舌燥的经历。虽然觉得受了很多委屈，但正是这些让刘泽碧迅速地成长，让他找到了自己的爱好，使他更加明确自己的目标与梦想。后来刘泽碧又接触到淘宝，开了淘宝店，这也是他第一次接触互联网。他说："我是一名从大山里走出来的孩子，家里很穷，可以说是西伯利亚中的西伯利亚，因此互联网对我的吸引力可想而知。"平时生活中，他常常和同学们聊到他的淘宝店，通过自己的研究和不断努力，经营效果还不错。同时，这帮助刘泽碧积累了一定的经验与阅历。他说："我清楚地认识到互联网交易会成为一种发展趋势。"

7.2.2　建立校园订餐网（2011年9月—2011年10月）

受到淘宝的启发，刘泽碧开始观察学校学生的需求，计划建立一个互联网交易平台。在这个过程中，他发现很多的同学有订外卖的需求。说到创业灵感，有一次一个朋友对他提到商业模式，他便突发奇想，把饭放到网上卖怎么样？晚上，他和室友进行了一场头脑风暴。谈着谈着，越说越兴奋，一拍桌子："哎，这个可以啊！21世纪新型商业模式！互联网啊！IT啊！多么高规格的东西！"那个时候，似乎整个世界，都汇集到了这个小小的寝室，几个年轻人的眼中闪着火光。那火，似乎能把整个世界都点着。随后，宿舍成为刘泽碧的办公地点，他和几个志同道合的舍友共同开启了创业的征程。他们分工明确，有人负责跑业务，接电话，有人负责联系商家，但彼此间又能相互帮助，都干得了彼此的活儿。"校联购-校园订餐网"也由此诞生了。说到订餐网，大家会觉得这是多么高大上啊！但是其实，由于缺乏榜样和经验，刘泽碧及他的团队也在摸索着前进。他们摸索着建了网页，穿着西装，提着电脑，和那些商家狂侃一些其实他们也不甚明晰的概念。他们的第一个成果是拿下了位于林业大学北路的福满居，前前后后去了十几次。不断推销他们的"21世纪商业模式"，然后了解对方的经营方式。刘泽碧认为，与其说是那美好的"21世纪商业模式"促就了合作，倒不如认为最终促成合作成功的是创业团队的执着打动了那些老板。

在2011年的酷热暑假结束后，校联购第一个订餐网就在所有人都不知道的情况下上线了。订餐网一上线，刘泽碧最希望的就是被所有人知道。众所周知，一个在线商业平台的推广，往往需要巨大的财力投入和长时间的客户培养。以著名的中国最大的自营式电商企业京东商城为例，前后花了上亿资金和近两年的时间，建设起一个堪比邮政EMS的物流网络，才使得"京东"这一品牌家喻户晓。

当时，团队里面只有4人，而刘泽碧也是在这个时候踏上了这条不归路。其实上线前一天的一整个晚上，创业团队都在校园里忙碌着，夜深人静，他们就像骑行侠一样，在校园的各个广告宣传栏里贴上了宣传海报。希望第二天清晨能够在校园的各处角落都看到自己的海报，可第二天早上发现所有的传单都不见了。刘泽碧之所以记得这件事，因为这是他们经历的第一次挫折。他们没有放弃，继续努力着。因为是年轻人，意气风发，有的是勇气和毅力。第二天，刘泽碧和他的团队又印了一堆传单，在二食门口，刚发了第一张传单，就被保卫处的工作人员阻止了，因为传单没有批条……

事实证明，"越努力，越幸运"这句话是正确的。之后，订餐网的业务范围渐渐覆盖了林大、农大和矿大。随着业务范围的扩大，刘泽碧和他的团队的心情也越来越激动，越来越觉得有希望。那时的他们，真的什么经验也没有，什么也不知道。就在团队成员以为已经踏上了逆袭之路，每天都忙而充实着，享受着一边上课一边当客服的日子时，有一天，订餐网由于订单量过大，系统崩溃了。由于格局不够，没有良好的技术支撑，这个网站无法挽回地结束了。现在看来，十分流行的饿了么和他们的订餐网几乎是同一时间开始做的；而很受欢迎的百度外卖和美团外卖，是2014年才开始推出的。网上订餐，是十分有前景的理念。因为技术原因没有坚持下去，是刘泽碧及其团队的一大遗憾。

7.2.3 在团购里的激战（2011年11月—2012年1月）

刘泽碧认为，创业是一个过程，是积累。每一个阶段都有视野的局限性，哪怕很多问题现在看来是十分容易解决的，但在那时却能够成为夭折一个项目的致命性因素。

订餐网失败了，团队要面临转型，大家也曾想过放弃，但是，最终他们相互鼓励，依然坚持。当你想放弃的时候，总是会有人站出来要坚持。幸运的是当年的他们足够年轻，也足够热情，最重要的还是心态足够好。团队抱着就是想创业的心态，把失败当成经验，认为失败了还可以从头开始。

2011年，团队赶上了团购的盛况，当年数千家团购网站百家争鸣的壮观绝对是空前的。凭着一腔热情，刘泽碧带领团队投入团购行列中。然而，这是一个烧钱的行业，大公司把几十亿全部扔在这个行业里。当时团队和嘉华国际影城谈合作，但是没有坚持多久就因为美团巨额投资把嘉华买断，合作即刻终止。2011年团购的惨烈，相信有关注的同学也有所了解。校联购在其中就像沧海一粟，一颗小石头投入暴风眼中顶多只能泛起一个不起眼的小浪花。现如今留下来的也就百度的糯米、腾讯的大众点评、阿里巴巴的美团。也许对于大公司来说，只用掰一掰手指的力量，放到校联购身上就是重重的一击。团队的想法、激情、创意在刘泽碧的心里，就像是被踩踬了一般。仿佛一个懵懂的孩子被社会经验成熟的大人随意欺负一样，他们还没有走多远的梦想就这样被扼杀在摇篮里。这种不对等的竞争关系让刘泽碧深深地感觉到：这就是商业竞争，没有年龄、怜悯、垂爱、包容，只有利益的商业竞争。团队的心，被深深地刺痛了。仿佛又一次漂泊在大海上，漫无边际，不知方向。还没有展开的翅膀就这样被折断了。他们，想过放弃；但是，他们仍坚持了下来。刘泽碧的同伴说过，他仍然记得那个冬天的晚上，骑着自行车，为了给一个会员送货，骑行在五道口的烈风中，紧握着双手，仰望着灯火璀璨的五道口购物中心。那一刻，他有一种说不出的感觉弥漫在心头，已经忘了当时在想什么，但是他清楚地记得那时突然知道了什么叫梦想。

不出意料，校联购的团购项目随着团购盛极而衰的大势，成为众多支撑不下去的团购网站之一。这次的打击不可谓不大，团队一度停滞，可怕的不是失败，而是失败之后的空白，当发现自己不知道应该做什么的时候是最让人受不了的。

经历了这些，刘泽碧也更加理解了什么是创业。创业就像是在一片波涛汹涌的大海上驾驶一叶小舟，没有灯塔，只能摸索着前行。

7.2.4　校联购VIP卡时代（2012年4月—2012年10月）

团购失败后，有很多团队成员离开。在创业的路上，如果不作为创业者亲身去经历，去体验，你永远想象不到创业的艰难。在团队的管理上，或许所有人当初跟你有共同的想法与追求，有着共同的梦，但是，想法只是想法，梦并不代表梦想。只有经历过时间与实践的历练、筛选，团队中留下的才是那些与你有共同追求的人。刘泽碧并没有怪离开的同伴，因为他也曾想放弃，也曾无数次找不到出路与未来。当想放弃的时候，你就到了选择的岔路口：是继续坚持，还是就此回到原点？团队在每一个失败的岔路口，都要面临着继续坚持以前的模式，还是转型的问题，然而，在天花板即将砸到他们之前，团队总是能绕道而行。

刘泽碧说："黎明前的黑暗，总是最黑的。也许是我们傻，也许是我们一根筋，但是现在看来我更愿意相信那叫纯粹。"

团队中留下来的人渐渐静下心来，找了很多校园创业的成功和失败案例。经历了寒假的思考和筹备，结合之前订餐网、团购网的商户资源，加上自己闲不住的性格，团队推出校联购打折优惠卡。这是一个很奇妙的想法。为同学寻找福利，为商家寻找宣传方法，校联购来做个桥梁吧！团队主打五道口吃喝玩乐消费打折一卡通，解决大学生生活娱乐消费费用高昂的问题。就是这么简单，校联购团队再次动起来。这时团队已经经历重组，当看着日渐熟悉的人离开，那滋味确实不好受。美好的是离开成员的衷心祝福："我虽然不在这里待了，但是我仍然相信校联购能够成功！祝你们早日实现梦想！"在听到这句话的时候，刘泽碧的泪水开始不争气地打转。"常回家看看，这里随时都欢迎你！"刘泽碧总是对昔日的队友这么说。当有人在默默地祝福你的时候，被祝福的人可以做的就是头也不回地往前冲。为了没说出口的梦想，他们怀着必胜的决心在拼搏！

2012年4月，校联购团队打响了最长的战役，经过为期两个月的筹备后，终于在一片呼声中推出了校联购VIP卡。最令团队鼓舞的是，区别于以前的平平反映，校联购VIP卡一经推出就收到了很多同学的好评。刘泽碧永远都会记得第一次最正面的肯定。吸取了之前的经验，既然现在好不容易找到了方向，团队就要铆足了劲拼命往前跑。

如果说以前团队很努力，那么现在的他们已经进入了拼命的状态，刘泽碧甚至觉得自己回到了高三的状态，脑袋只有一个想法，眼中只有一个目标。商户组开始不断地扫街，在五道口一家又一家的商铺谈合作，拿着合作协议，一遍又一遍地介绍校联购。很多同学为校联购有那么多商家感到很惊讶，可他们不知道这些商家都是他们一家家谈下来的，没有其他秘诀。校联购两年在五道口谈了500家商家，而经过刷选之后有100家合作，就是这么简单。营销部开始每天12小时地工作，早上8点在办公室上班，一直到晚上10点左右，特殊情况随时加班。团队所有人工作自由，随意休息，但是每个人成员都很默契，每天休息时间甚至没有超过4个小时。而会员组则为了给各个学校同学发卡而努力着，宣传、活动、展台，从来都没有停过。除了校联购成员，所有人都无法在脑中想象出一个已经毕业的大学生是怎样在社团百团大战中给新生发传单的画面。校联购每个人都是全能成员，哪里有需要，哪里就有人补上，可以谈商家，可以发传单，可以写文案，能跳能唱，能攻能守。正因为有团队所有人的努力，才有了校联购的现在。

也许很多人都会在校园范围看到校联购传单，每次看到有校联购的传单扔到地面团队成员都感慨万千。校联购团队可以说是传单派发的专业户，从组建以来，一直到现在都需要发传单。而且，校联购的传单都是自己印刷，自己派发，都是心血。因此，现在看到别的同学发传单，成员们都会接过来，然后跟他们说一声"谢谢"！因为，毕竟都是同路人。毕竟，只有自己经历了，才能懂得别人的感受。

说到传单，不能不提的就是保安，校联邦团队所有人都在林大、农大、矿大、北科、地质、北语发过传单，而且都无一例外地被保安抓住了。有一次，在清华发传单被很礼貌地没收传单，然后成员们死缠烂打地把传单要回来。之后，又继续英勇地在圣熙八号继续发。

从那以后成员们面对保安真的是从容淡定了，遇见保安，第一件事就是淡定，若无其事地做其他事，或者从他们身边走过。等他们走了，就安全了，继续狠狠发。如果被抓住了，千万别反抗，一定要装无辜，同时要让他马上知道你是学生，一般没那么严的保安都会放你一马。如果倒霉碰到不放的，一定要强调自己学生身份，装单纯，扮无辜，一阵扯皮之后，了事。

虽然对保安爱恨交加，但是说实话，他们知道保安都是普通人，只是尽自己的责任，没有什么不对的，而且有的保安甚至比成员还小，对于保安保持尊重，这样对双方都有好处。至少，能有很大概率把传单保住，多被抓几次就会无所惧了。多相互理解吧，大家都是为了自己的梦想，或者说是生活。

在这里还想插一句话，很多同学误解校联购，说校联购规模很大，赚了很多钱，甚至会有说校联购是学校外面的大公司。但是在刘泽碧看来校联购是一个单纯的学生创业项目。校联购每一个成员都是各个学校货真价实的在校大学生。他们希望向同学提供更多的优惠，也尽量避免了各种费用的收取。说到底，他们同样是学校里面要上课，要考试，要谈恋爱的大学生。只不过他们因为有同一个目标而聚在一起奋斗，没有工资，只有偶尔的吃饭、看电影等福利。所以，认为，说校联购是大公司，这个真的连边都沾不上。没有工资，没有投资，何来的很赚钱？

那时校联购的成员们奔走于各家商店，五道口周边各所学校，每一届大一新生到来之际，便会看到他们奔走于学校的宿舍楼道间，向学弟学妹们宣传着校联购的优惠卡，经过团队成员的坚持以及努力，最终共覆盖五道口10所高校，20 000多持卡会员；团队成员一开始用卖卡盈利，后来发现这样做市场格局不够，要有所突破，优惠卡开始免费发放。市场拓展的速度更加迅速了，深受商户和学生的支持。他们想在免费中探索出商家校园整合营销的商业模式，成立一家营销公司，为周边商家解决营销难问题。校联购的生意很红火，但是发现，市场主要集中在五道口这片地区，想扩展业务有些困难，于是，校联购考虑转型。

就这样，校联购跌倒后，换条路，继续走。

校联购

校联购创业团队

7.2.5 高校生活娱乐资讯平台（2012年10月—2013年7月）

仅仅一张打折卡已经不能满足业务规模，他们想要做的是给大学生的一站式服务平台，想要做一个靠谱的、能切实为大家服务的平台。当被问道为什么会如此重视"靠谱"这个词时，刘泽碧笑了："因为我们就是这样一步一步走来的啊，试想，如果我们自己就很坑爹，那么我们怎么会走到今天呢？"

成员继续把心静下来，观察周围身边人们的需求。校联购始终把自己的服务定位在满足他人需求上，只有考虑到别人需要什么，才有市场，才有发展。在2012年10月—2013年7月这段时间，团队发现校园服务市场中考研代理、驾校代理乱象丛生。大学生觉得没有安全感，外面的人也感觉学生的钱很好赚。为了更好地服务学生，规范校园市场，于是成立北京翻滚科技有限责任公司，重新定位校联购为高校生活娱乐资讯平台，在打折卡基础上开展增值服务，如驾考服务、旅游服务、分期付款、校园营销等业务。随着业务的扩大，团队需要解决的困难也会增多，团队成员之间的分歧也会变大。在这次转型过程中，团队经历了不断的洗礼和成长，幸运地遇到了一群兄弟，凝结了一批有创业想法和创业经历的人，团队也开始不断地壮大。团队的稳定是需要时间的沉淀和困难的磨炼的。随着团队的壮大，校联购团队不再是一个小小的团伙儿，分工变得明细，这样有利于工作。刘泽碧作为团队的管理者，这个时候也意识到了当初上课时候学的管理学是多么的重要，只是没有和实际结合起来，所以感觉很乏味。而此时他只能自己买几本管理学的书来恶补。

7.2.6 市场进一步开拓（2013年8月—2014年4月）

在团队的努力下，市场开始走出五道口，做全北京高校市场的开拓探索，业务多元化，致力于为在校大学生提供一站式校园生活服务。终于，校联购走出了五道口，随之市场扩大了，团队的梦想一步步成为现实，青春的热血最终获得了回报。刘泽碧及其团队成员也感受到了来自内心深处的喜悦，无法用言语形容的幸福感。大家更加忘我地工作了，工作的时间不短，经常加班，但是，成员们丝毫没有感觉到累，因为大家有激情和热爱，是为自己奋斗。与身边经常看到的上班族不同，他们尽管有很高的薪水，但也经常抱怨工作的繁忙与无味，每天都是在完成别人布置的任务，没有实现自己的价值。当然，并不是歧视打工者，这里说的打工者，是指哪些不喜欢自己目前工作的人。无论你所从事的是什么工作，只要是你喜欢的，干着才有劲头、有盼头。这种情况下，你也就同时拥有了自己的事业。刘泽碧说："我认为我们每个人都应该有属于自己的事业，而不仅仅是局限于一份工作。我们，尤其是经管院的大学生，应该给自己一定的时间去体味生活，去实习，去兼职，多去外面走一走，多参加一些和自己专业有关的活动，在这些经历中，我们会发现我们喜欢做什么，我们的激情所在，找到自己喜欢的工作，进而就拥有了自己的事业。人只有拥有了事业，才能舒心快乐地过每一天。"

7.2.7　大学生兼职平台的搭建——校联帮（2014年5月—2014年8月）

通过对接高校生活资讯，对接校园服务，并对其进一步深入了解后，团队发现好多大学生找兼职，然而学生相对来说是最容易受骗上当的人群。高校兼职市场是最混乱的，几乎做兼职的学生都有被中介骗过的经历，刘泽碧也有，他切身感受到兼职市场的混乱。刘泽碧发现这不光是服务大学生的大好时机，同时又是一个很好的商业机遇。经过调整，团队砍掉很多的现金流项目，开始尝试突破口——大学生兼职平台的搭建。校联购尝试给大学生提供靠谱的兼职。创业的发展历程就是这样，不断地改变，不断地调整。事情是做出来的，越做，越知道该怎么做，朝着哪个方向努力。就这样，一步一步地向前走，摸索着，攻破一层层的壁垒，看到希望的阳光。

互联网是一个飞速发展的行业，市场的变化是迅速的，只有能够敏锐捕捉到市场的人才能抓住市场机遇。在运营的同时，校联购也在不断探索着。

2014年9月，刘泽碧及其团队毕业了。毕业就要面临选择，保研、考研、出国、找工作、创业，等等。刘泽碧也曾犹豫过：到底要不要放弃创业？如果真的要创业，他就把这一切都搭进去了，相当于拿整个人生去赌一把。刘泽碧始终相信，即使创业失败，去工作，通过创业锻炼出来的能力也是足够自己去找一份理想的工作的。最终，刘泽碧决定了继续创业！团队也经历了大变动。成员中的好多人在毕业的岔路口选择了放弃，毕竟相比看不见未来的创业，那些企业稳定的资薪更具诱惑力。也有一批新的成员加入校联购团队。这批人跟着刘泽碧一直干到今天，已经有一年半了，在这一年半里，他们没有固定的办公时间，只要觉得自己完成了工作就行。团队成员住在一栋楼里，一起吃饭、一起工作、一起生活、一起梦想。团队里充满了友爱、激情，大家互相帮助。这一阶段，团队成员也基本都为全职，由于业务的扩大，员工的增多，校联购也换了办公地点，不再在学校的科技园办公，搬到了学知园附近的学知轩大厦。每天早上从住所到这里就几分钟的路程，不用像大多数上班族那样挤早高峰。至此，校联购彻底离开了学校，开始了新的征程。明确了发展思路，致力于把校联购打造成大学生的校园生活O2O服务平台。

校联购成员继续努力着。拉投资，找赞助，寻求靠谱兼职，不断向大公司取经。功夫不负有心人，经过团队成员的努力付出，终于完成百万级天使轮融资，由乐邦乐成（创投孵化机构）领投、中关村天使成长营一期基金（天使共赢基金）基石合伙人丁华民跟投，成立了校联购（北京）网络技术有限公司。

作为创业者，他们看过太多的团队签署百万、千万，甚至亿级的投资，包括"90后"的代表超级课程表就在今年获得阿里巴巴两千万美金的投资。创业路上的精彩让团队成员们也常常对伯乐充满向往：天使投资什么时候才会来？第一笔投资会有多少？仿佛遥不可及的机会，突然有一天从天而降。幸福来得如此突然，让团队有点不知所措了。在签完协议后，刘泽碧甚至都没反应过来，这就敲定了？

为什么校联购能获得投资，凭什么可以与那么多牛人团队同台竞技？他们给出的回答是：坚持和踏实。两年时间对校园市场的挖掘和运营，从一个宿舍作为起点，到覆盖12所高校，从4个人到10万用户，全凭团队一点一滴地积累，校园每一个角落他们都摸过，脏活累活他们都尝试过。

刘泽碧及其团队甚至都不敢想象，当年三个懵懂大学生的一时冲动，两年之后，会引来众多投资公司的关注和邀请，团队估值2000多万元，在半个月时间里闪电般地签下了百万级别的天使投资。他们从来不掩饰自己是从泥土里成长起来的草根创业团队。如今，校联购终于用时间和行动来证明，大学生创业同样是靠谱的。

团队成员清楚地认识到，天使投资既不是校联购的最终目的，也不是其沾沾自喜的资本，这仅仅是一个新的起点。两年的坚持，让成员们深知这个机会来之不易，同时也深感肩上的任务是如此的沉重。投资人的资金不是一笔可以随便花的钱，这是对团队莫大的认可和信任，这针强心剂更是对团队所有人的鞭策，带给他们强大的动力。

在投资商谈过程中，领投人说了一句让他们感动至今的话："投资你们，是因为我觉得校联购团队的你们靠谱，相信你们是干实事的人，在你们身上我看到了当年同样在校园创业的自己，我看好你们的前景。看对人，我这笔投资就算成功了，相信你们不会辜负我的期待。"

刘泽碧认为，不管什么时候，有梦想的人从来都是在路上的。距离上次的失败，已经过去了一年时间，但校联购从来没有停止过前进的步伐，只有追随着自己的心不断地前进才会不辜负所有的汗水和付出。

校联购从大学生需求出发，基于现在大学文凭的说服力降低，而能力对公司选拔来说越来越重要，校联购就致力于给大学生提供靠谱的兼职和良好的实习机会，给大家一个"能力"上的履历。校联购提供"58同城"式的多样化服务，以"京东自营"式的标准保障靠谱、便捷、实惠的服务质量，并将向校园创业者开放，升级成为"淘宝"式的大学生创业平台。在资金注入之后，校联购一方面将凭借极强的地推能力和经验，继续覆盖北京其余校园；另一方面将进行商业模式升级，减少线下对校园分期、校园旅游、驾校代理等业务的依赖，集中力量强化生活分享平台及校园兼职版块，并完善 CRM 系统，为布局全国做好前期铺垫。团队越来越壮大，彼此之间的感情也越来越浓厚。

坚持，这两个简单字，终于不负众望把校联购引向了新的奇迹！

7.2.8 我们会继续勇往直前地走下去

2014年10月—2014年12月这段时间，随着团队对兼职平台运营的深入和兼职平台商业模式的摸索，他们尝试过接项目、代发工资的人力资源公司提供担保赔付等重运营模式，但发现平台上获取的兼职信息不能满足用户的需求，很多会员反馈上面的信息量不够，基本状态就是"狼多肉少"。团队开始整理运营思路，把很多运营重的项目砍掉，开始专注靠谱兼职信息提供。

2015年年初，团队开始反思之前的运营思路，必须把兼职作为更好地切入校园服务的工具，酝酿新的产品校园服务产品"校联帮"，彻底做靠谱、真实、海量的兼职信息服务，免费服务学生和用人企业，开始全面拓展北京、上海、武汉、天津高校市场。

这几年时间里，成员经历了太多，团队发生了各种剧烈的转变。诱惑与危机就摆在面前，大家迷茫过、纠结过、痛苦过、甚至绝望过，但是始终都没有动摇过。成员都知道创业是一条不归路，既然如此，那校联购就一路到底！

刘泽碧认为，他的团队没有比其他人更加勇敢，只是多了一份纯粹。要成功，要努力见证一份大大方方的成功；要失败，那也要把墙撞破，来一份彻彻底底的失败。年轻的人们，从一个起点走到另一个起点，很多时候我们不知道目的地是哪里，没有尝试成功，也没尝试过失败。那就在有资本坚持下去的时候，把未知的底牌掀开，决一胜负！

很多人没有听过校联购，他们偏偏要一次又一次地呐喊，让更多人来听他们的声音。没有人看好大学生，他们偏偏要以大学生的身份干出一份靠谱的事业。没有人看好校联购，他们偏偏要坚持到底，做一份实实在在的事业。

7.2.9 梦的终结

在创业的道路上，成员们洒满了汗水与泪水。当有人问到：你为什么要创业？你要知道，你现在的收入不如班里其他上班同学多。刘泽碧认为：首先，创业是实现自己梦想的旅程；其次，在创业过程中能收获真真切切的友谊。它是青春的象征，即使有一天失败了，至少青春没有被辜负。这是他们愿意承担的风险，毕竟互联网这行三年一变，发展越来越快，机遇就在改变之中。

2015年年底，创业真的要终结了。由于诸如58同城等竞争者的加入和A轮融资遇到资本寒冬，校联购没有如期融到期望的投资。在反复权衡并征得投资者意见后，校联购选择了终止经营，如火如荼的创业失败了。

如今，校联购创始人又开始了另一个创业项目。

7.3 创业启示

7.3.1 爱拼才会赢

关于大学生创业，刘泽碧说："现在社会的形势对大学生创业来说已经宽容了很多，也有利了很多。大学生是最有创造力的人群，但是也害怕失败。"据统计，大学生创业成功的概率只有不到3%。对于大学生创业的建议，他是这么说的："最关键的一点，是你要清楚自己的内心。你是否真正想做这件事。无论何时，都一定要明白自己在干什么。"

很多人在询问，创业要怎样做、要注意什么才能够少走弯路？然而对于这个问题，刘泽碧的回答让人略略吃了一惊。他说："创业是不可能不走弯路的。因为你少走的弯路都要还回来。人就是这么一种神奇的生物，只有吃一堑，才真的会记住。而自己切身经历过，和听别人谈谈他们的经历感想，实际上效果是大不相同的。"

"我们的课程很有用。以前不好好学的内容，现在都要补回来。"在问到作为一名创业者的他怎样看待大学中的课程的时候，他给出了如上坚定的回答。同时，由于目前公司发展的最大的问题是团队内部结构的发展跟不上公司的发展，现在的自己开始恶补管理学，对此他表达了微微的自嘲。

作为一名线代挂过科的不幸少年，他对大学的课程，便也多了份感情。他说："课程很有用，但重点就在于怎么用。创业过程中的自己会结合实际获取自己想要的知识，应用与求知相结合，便加强了对知识的掌握。这里的知识，绝对不是背了几个概念、会做几道题就可以，关键要会用、要和实际相结合。真正的精英，往往都很有文化。"

对他而言，一路走来，充满了感动。小伙伴们一直陪伴着他，和他一起奋斗，最终坚持了下来，真的非常感谢岁月。他说："其实创业者就是一个能量体，他传递正能量，一路走来，吸引汇集着各方志同道合的朋友们，这是一种踏实的自豪感。这种志同道合，便是大家骨子里似乎都有那么一种创业的基因。不甘于平庸的小小野心。"他总是给自己的团队提倡这样一种价值观：年轻人不应该害怕犯错，应该主动地去尝试错误，在试错过程中，摸到正确的路，爱拼才会赢。

创业很简单，也很复杂。很多人都只看到了创业成功的光鲜亮丽，却从未想象过他们背后的艰辛与苦泪。创业的秘诀，说简单也简单，就是几个字：坚持、用心。可是能做到的人，实在太少了。想创业的人，从来都不会后悔。因为他们相信，付出总是会有回报的。而校联购这条路，他们携手走过，笑过，哭过，醉过，痛过。一路走来，收获了太多。

关于创业的收获，刘泽碧的回答很具体：第一，视野扩大，胸怀变宽，看问题的思维也更加具有深度。第二，心态成熟了，思想也更加长线，具有宏观性。第三，对于人性的理解有了一个全面的提升。在和人的交往过程中，渐渐体会到了人是怎样的一个东西。第四，能力提升，包括学习能力、事务能力等。同时携带的能量也在上升。

在刘泽碧的定义中，创业其实就像种庄稼一样，有了付出与投入，收获就是水到渠成。现在的社会很浮躁，可是事情是急不来的。一分耕耘一分收获，奈何偶尔天公不作美，那也是没有办法的事情。而这一份成熟淡定的心境，也是这段如梦的经历带给他的。

7.3.2 良好的团队建设是成功的基石

看到刘泽碧的创业经历，从大一开始的几个学生兼职到现在的20来个全职人员，队伍在不断壮大。虽然队员有更迭，但是只要进入这个队伍，都充满着激情与拼搏的梦想，大家都有着相同的目标与努力的方向。如果没有团队成员之间的相互鼓励，当有人想要放弃时总有人会站出来，校联购不会走到今天。

良好的团队建设是成功的基石。

从卖茶叶、旧书、到订餐网，再从订餐网到团购，校园优惠卡，大学生娱乐资讯平台，再到校联帮。这一次次的转变，一次次在将要放弃时候选择的坚持，都离不开成员之间的相互督促与勉励。每次到风口浪尖上，总有人拉你一把。

团队建设离不开团员之间的相互理解与包容，更离不开团队领导者的良好的管理。大学时枯燥的课堂让天生闲不住的刘泽碧选择逃课，去外面开创自己的一番事业，然而，课堂上的知识，在他实际管理团队中，都是用得到的。他边工作边恶补管理学知识，为的是团队的良好的建设。

团队的凝聚力不强，则会成为一盘散沙，只有凝成一股绳，才可能打败困难。尤其是现如今的社会，经济一体化、全球化、分工明细化，大到国家，小到个人，都已经成了整个世界经济体中不可或缺的一部分。我们每个人都在自己的岗位上贡献着自己的微薄之力。

都说上大学之后，同学们之间相互提防了，再也找不到高中时候那样纯洁的友谊了，同学与同学之间充满了竞争。然而现代社会是一个充满竞争的社会，但同时也是一个更加需要合作的社会。作为一个现代人，只有学会与别人合作，才能取得更大的成功。竞争与合作是构成人生和社会生存与发展的两股力量，社会生活中有竞争，更有合作。人多智慧多，只要善于合作，去发挥合作和整体的力量，就能想出办法，取得成功。因此，同学之间要共同学习，与同学相处要大方得体、乐于助人、心胸开阔，不要斤斤计较。

校联购＆校联帮的团队，一直充满着欢笑，大家虽然工作任务繁重，但丝毫不觉得有压力。在工作中，他们是良好的合作伙伴，在生活中，他们是很好的朋友。

深夜大家一起谈论

开心的圣诞

7.3.3 喜欢，便是事业

工作的人如果总是以一种打工者的心态过生活，并不真正喜欢自己所做的事情的话，那么他的生活少不了抱怨，也不会开心。并不是要我们每个人都要去创业，不创业的人也可以拥有创业者的那份执着，体会到梦想的能量。一切的一切，都源于一个词——喜欢。

有段时间，社会上一直热议"你幸福吗"的问题。我们每个人幸福与否，只有自己能感受到，也许别人眼里的幸福却是你眼中的不幸，别人眼中的不幸正是你的幸福。每个人都有幸福，只是幸福总在别人眼里。只要我们做自己喜欢的事情，我们就会有坚持下去的动力与信念，还有幸福的生活。

当你真正喜欢自己从事的工作的时候，你便拥有了自己的事业。拥有事业的人是幸福的。当好多人质疑刘泽碧毕业之后为什么继续选择创业的时候，刘泽碧坚定地回答："那是我的事业！"拥有事业的人便不再怕累，不再怕苦，精神是振奋的，其他一切已经不算什么。校联购的团队成员，都拥有梦想，并为了自己的梦想而执着。就是这种梦想的火焰的燃烧，让他们遇到的一个一个困难，都能被克服。他们充满着能量，是因为他们不是在工作，而是在为梦想而奋斗！

第8章

哈尔滨医克拉医疗咨询服务有限公司

8.1 引言

有人问过田英男,为什么要创业?其实,田英男个人感觉创业并不一定要和金钱挂钩,对于田英男来说,创业只是一种生活方式。

这可能和田英男的家庭有关,小的时候爸妈就总说田英男没自己的想法,田英男非常反感别人对他的这种评价,也可能他们是出于好意为了激励田英男,但田英男从那个时候就决定一定要做出点成绩给他们看。在工作以及学习方面田英男很努力,只是感觉自己付出了很多的汗水,却不能取得一点成就,感觉特别的委屈。田英男听过一句话"有野心的人才会有所成就",而田英男当时也是带着这样的冲动加上自以为是的心态开始了第一次创业。

创业存在很高的风险,可以说成功的概率微乎其微;创业也需要一些好运气,有时尽管你的努力以及你的管理措施都做得很周到,但是在没有好运气的情况下事事都会与你作对。虽然说创业的过程中遇到问题是很正常的,但是每遇到一个问题都会耽搁你很多的时间,而田英男就是运气很差的选手,问题像雨点般向田英男打来。

这个公司由4个努力奋斗的大学生于2015年创立,已走过了两年的时间。如果说有什么可以分享给大家的,那就是创业的艰辛经历和他们不懈的坚持。

故事是从4年前开始的。

一位耄耋之年的老人,因为突发疾病入院。好在子女都是各大医院的主任医师,检查、手术、入院,都没有遇到什么麻烦。本以为这只是一次意外,但是没想到老人却在不久之后去逝了。一家人很震惊,为何会发生这种事情?医学背景雄厚的一家人开始寻找老人的病因,却发现是因为误诊导致耽误治疗时间,造成了这一连串的问题。

老人的孙子此时正在大学学习，选择的也是医疗行业，就读于哈尔滨医科大学大庆校区。接到消息后家人十分不解，自己就是本院的医生，但是自己的家人却被误诊。但事情已经发生了，无力回天。

老人的孙子十分悲伤，痛心于我们现在医疗制度的不完善，决心要用自己所学去做点什么。

一年以后，他带着自己社区医疗的项目参加了第一届互联网+大学生创新创业大赛，并取得了很好的成绩。他决心将这个项目进行下去。于是在大学里搜索资源，了解相关的背景知识，了解国内的医疗现状，并与国外进行比较。他找到各种途径去将这个项目进行下去，不停地完善，不停地修改——他就是田英男，哈尔滨医克拉医疗咨询服务有限公司创始人，CEO，股东。

8.2　创业经历

团队建立之初，他的好朋友魏相洲也抱着雄心壮志参与了进来，一起进行对医疗的创新。同时团队也在招兵买马。

2015年年底，哈尔滨医克拉医疗咨询服务有限公司正式在哈尔滨经开区管委会注册成立，股东共4人，公司的地点选在了长江路。从此开始正式的创业。

最开始的项目一直在有条不紊地进行。田英男在校时还为项目加入了新的元素——心理咨询师培训基地。

2016年年初，由于资源有限，公司决定改变发展战略，同时也因为公司员工的需要，田英男决定以心理咨询为切入口，进行心理咨询和心理咨询师的培训。可能很多人无法理解，从社区医疗到心理咨询的变换真的是很让人费解，但是在田英男看来心理咨询确实是被大家忽略的一环，心理健康和身体的健康同样重要。田英男、韩博、刘美琦3人团队便开始了解心理咨询的相关事宜，查询资料，进行合同的编写、整理，了解大庆市的心理咨询师培训和心理咨询的具体情况。做好准备以后，他们便决定找到当时最具权威的两个人，协商合作的事情。

霍永明，从事心理咨询和心理咨询师培训20余年，在大庆当地很有名气，并且有自己的专业团队。他们首先想到的是霍老师，于是在进行了多次沟通之后，霍老师决定从学生这里入手，打开校园的心理咨询师培训。每年都有很多大学生需要国家心理咨询师考试，比如，精神医学专业。同时，周围3所学校的学生多达4万人，这是一个不小的人口基数，并且每年有意向报考心理咨询师的学生也不少，这是一个好的机会。

孙红，大庆市心理协会会长，心理培训学校校长，常年进行心理培训等相关工作，并且在业界有巨大的影响力。孙老师从业多年，在心理培训这方面有非常丰富的教学经验，具有庞大的、专业性极高的团队。孙老师有一次在学校做心理课程的分享时，田英男与韩博也参加了该课程。课后，他们找到了孙老师，提出想要合作的想法，但是孙老师当时就拒绝了，并且也不同意进行合作办学。第一次吃了闭门羹，难免心里会有些波动：是不是这个项目真的不适合我们去做？但是不久之后，孙老师联系田英男说想见面详细地谈一谈这个项目。

这是一个不小的工作量，从合同的起草，到会谈的内容，再到商业模式，都是一次不小的挑战，但是3个人并没有打怵，有问题就查，有机会就问，有时间就学。他们一步一步在前进。

快进入夏天的时候，他们与霍永明老师进行了第一次的商业会谈，地点定在霍老师的办公地点。一个让人非常舒服、放松的小屋——这是平时霍老师进行心理咨询的地方。交谈进行得非常顺利，霍老师也十分愿意与田英男合作，可能是因为田英男是大学生的缘故，他十分支持田英男的工作，希望快点将所有事情商议完毕后进行第一期的培训。3个小时就这么不知不觉地过去了。敲定了合作的方式和内容之后，剩下的就是细节的推敲了。霍老师十分认可田英男，并且有一种相见恨晚的感觉，二人聊天十分愉快。

回去后，田英男对所有事情进行了更详细的敲定，草拟出来一份合作协议，并且电话多次沟通后决定过段时间再面谈。

第二次面谈约定在一周后，此时合作协议等相关事宜已经确定。在简单的寒暄过后便开始了细节的敲定。又是3个小时，但是这3个小时的收获非常多，合作协议基本成型，剩下的就是关于招生等问题的详细推敲。交谈非常顺利，工作在一步一步地向前推进，尽管期间也遇到了很多问题，但是最终还是有条不紊地解决了。

第三次见面后，双方解决了所有的问题，之后便在合作协议上签了字。又迈出了一大步。

在这不久之后，便进行了与孙老师的会谈。孙老师就合作提出了很多的问题，并且表示自己年龄大了，现在是年轻人的时代了，想知道这个合作究竟要怎么进行。详细地解释之后孙老师说需要考虑。孙老师展示了她从1998年至今的所有和心理有关的报纸，包括2008年汶川地震时孙老师带队为地震幸存者做心理疏导的照片和报道。从这些资料中可以看出，孙老师的影响力巨大，而且这么多年的积淀之后形成了自己独特的整套教学方法和系统。

第二次会谈时孙老师和大庆市心理培训学校副校长在商议后提出了很多的问题，并且解决了很多问题。但是最终还是没能达成合作的意向，十分的可惜。

第一期的培训活动与霍老师合作得非常愉快，并且有条不紊地进行着。这是公司成立之后的第一桶金。无论对谁都十分的珍贵。这是一次对自己的肯定。虽然并不多，但是十分有意义。

在心理培训基地落成之后的一段时间里。公司进行了人员的重新调整和分配。并且开始了最终要的项目——社区医疗。这是一个格局很大的项目，推进工作很艰难，可以说是举步维艰。此时，所有人手里的资源加起来也没有多少，要人没人，要钱没钱。于是他们决定参加多个比赛，至少先把自己的项目让那些小有成就的投资人检验一番。

很多比赛他们都报了名。这段时间内他们一直在不停地修改项目计划书，不停地准备着路演的事情，不停地在和投资人沟通，想找到一个肯投资的公司，帮助他们进行下去。此时，田英男因为要考研的关系暂时将项目搁置了几个月。但是在研究生考试结束后，大家又都动了起来，各司其职。

在此期间有很多人走了，又有很多人来了，人员流失严重，并且总感觉这个团队出现了很多的问题。在一次股东会之后，团队进行了很多的修改，包括人员的分配和工作任务的下达。好在经过长时间的协调和调整，终于达到了一个平衡。

8.3 创业感悟

对于初创企业有很多问题都要注意。要明确行业的生命周期、公司的核心业务和客户群体，精力不要太分散，特别是做一些自己不大擅长的业务，会很被动，吃力不讨好。一般开公司之前这些自己心里都会很清楚，也应当知道怎么做，这就是为什么创业不要离自己本行太远的缘故。

在非制造业里，人是最重要的资源，不能亏待，把握好利润平衡，公司才有生命力。公司刚刚起步都会比较吃紧，但是员工的工资不能拖。

要多了解员工群体，使人尽其才。创业者不要总以老大自居，"人心齐，泰山移"，心胸决定着企业的规模，要让员工有参与感和归属感。现在，越来越多的年轻人喜欢民主平等的管理，管理科学透明，员工自然不用扬鞭自奋蹄。

公司目前人员稳定，学校也希望将这个项目做起来。于是派出了许多的老师，提供了很多的资源，可能看起来没那么难走了，可谓，"天时地利人和"。但是格局这么大的项目，如果想要前进一步都会有无法想象的困难。

公司从最初的 4 个人成长到现在 21 个人。人数的稳定增长，业内人士的认可，是从成立到现在最大的喜悦。

现在，项目已经注册商标，并且拿到了投资，逐渐走向成熟。